上海出版资金项目
Shanghai Publishing Funds

航海史话

王渝生 主编
陶培培 编著

中国科技史话·插画本
THE HISTORY OF SCIENCE AND TECHNOLOGY IN CHINA

上海科学技术文献出版社
Shanghai Scientific and Technological Literature Press

图书在版编目（CIP）数据

航海史话 / 张邻编著 . —上海：上海科学技术文献出版社，2019（2022.5重印）
（中国科技史话丛书）
ISBN 978-7-5439-7813-3

Ⅰ.①航… Ⅱ.①陶… Ⅲ.①航海—交通运输史—中国—普及读物 Ⅳ.① F552.9-49

中国版本图书馆 CIP 数据核字（2018）第 298967 号

"十三五"国家重点出版物出版规划项目

选题策划：张　树
责任编辑：王倍倍　杨怡君
封面设计：周　婧
封面插图：方梦涵　肖斯盛

航海史话
HANGHAI SHIHUA
王渝生　主编　陶培培　编著
出版发行：上海科学技术文献出版社
地　　址：上海市长乐路746号
邮政编码：200040
经　　销：全国新华书店
印　　刷：昆山市亭林印刷有限责任公司
开　　本：720×1000　1/16
印　　张：8.75
字　　数：121 000
版　　次：2019年4月第1版　2022年5月第2次印刷
书　　号：ISBN 978-7-5439-7813-3
定　　价：40.00元
http://www.sstlp.com

第一章　面朝大海 / 1
　　生活在海边的原始人 / 1
　　海洋文明 / 2

第二章　远古的航海工具 / 5
　　以匏济水 / 5
　　腰舟 / 6
　　桴筏 / 7

第三章　独木舟 / 10
　　独木舟的传说 / 10
　　已发现的最早独木舟 / 11
　　新石器晚期的独木舟 / 13

第四章　木板船始航 / 16
　　木板船的演化 / 16
　　扬帆的木板船 / 19
　　殷人远航美洲 / 20

第五章　春秋战国时品目繁多的船 / 22
　　频繁的航海活动 / 22
　　造船技术的进步 / 23
　　战船与民船分道扬镳 / 24

第六章　青铜器上的先秦水战 / 27

水陆攻战鉴 / 28
故宫博物院收藏的战国宴乐射猎攻战纹铜壶 / 29
成都百花潭出土的宴乐攻战纹壶 / 29

第七章　秦朝航海与徐福东渡 / 33

集权下的秦朝航海 / 33
徐福东渡 / 34
徐福在日本 / 36

第八章　桨和橹的发明 / 39

桨 / 40
橹 / 42

第九章　汉朝海上丝绸之路的开辟 / 45

南海航线 / 45
东海航线 / 48
海上丝绸之路的发展与终结 / 49

第十章　季风和洋流 / 51

舶䑲风 / 51
季风航海术 / 52
利用洋流航海 / 53

第十一章　古海港 / 56

广州港 / 57
泉州港 / 58
登州港 / 59
明州港 / 60

第十二章　舵和梢的演变 / 63

操纵桨 / 63

船舵 / 64

梢 / 66

第十三章　天文导航 / 69

确定方向的定向导航 / 69

确定位置的定位导航 / 71

过洋牵星 / 72

第十四章　独特的海船结构——水密隔舱 / 74

水密隔舱的原理 / 75

水密隔舱技术对西方的影响 / 76

第十五章　指南针导航 / 79

磁石与司南 / 79

指南鱼 / 80

水针罗盘 / 81

针位航路 / 82

第十六章　航海游历家汪大渊 / 85

两次出洋 / 85

《岛夷志略》 / 86

危险丛生的远洋航行 / 87

异域见闻 / 88

第十七章　航海计时 / 91

火计时器 / 91

水计时器 / 93

航海中的"更" / 95

第十八章　大航海时代的郑和下西洋 / 97

伟大的航海家郑和 / 97
七下西洋 / 98
郑和船队 / 99

第十九章　四大古海船 / 102

沙船 / 102
鸟船 / 103
广船 / 104
福船 / 105

第二十章　中华帆 / 109

岩壁和青铜器上的疑似古帆 / 109
中华传统帆 / 110
风帆驶风技术 / 112

第二十一章　航海图与地文导航 / 115

现存最早的古航海图 / 116
山形水势图 / 118
地文导航 / 119

第二十二章　木帆船的衰落 / 122

复开海禁 / 122
漕运的短暂复兴 / 123
木帆船衰落 / 125

第二十三章　中国近代航业的诞生 / 128

官商之间的轮船招商局 / 128
轮船业在民间 / 130

1 面朝大海

我国是一个疆土辽阔的国家，有着超过960万平方千米的国土。除了拥有从南到北、从东到西如此辽阔而形态多样的内陆土地，还是一个拥有漫长海岸线的滨海国家。我国有18 000多千米大陆海岸线和6 000多座大大小小的海岛，有四大海域：渤海、黄海、东海和南海。我国的领海约为300多万平方千米。我国的海岸线经历极其漫长的地质时期逐渐形成，沿海地区的海陆态势在距今约6000年前相对稳定下来。南海与东海形成于第三纪晚期到第四纪早期，受喜马拉雅山脉运动影响，太平洋板块向西推移，在东亚前缘形成断续相连的岛弧。到了中更新世晚期，气候转暖，积雪融化，海平面上升，黄海盆地被海水浸没，渤海海峡断裂，大量海水涌入直至河北平原。晚更新世晚期，世界进入第四冰川期，海平面又大幅度下降，使得渤海干涸，黄海、东海、南海100～120米水深线以内的大陆架相继变回陆地。距今约15000年，第四冰川期结束，全球气温升高，海平面回升。海水再次浸没陆地，到了距今6000年，上一次冰川期露出的大陆架几乎都被海水淹没。从距今约6000年开始，海平面的变动进入相对稳定的时期，我国目前沿海的地理形态也逐渐稳定下来。

生活在海边的原始人

第四冰川期结束以后随着海平面的上升，海岸线向西推进数百千米。住在海边的先民们，也随着海岸线向西迁移。我们所知道的原始人，如北京的山顶洞人、山东的大汶口人、浙江的河姆渡人都曾傍海而居。考古学家从这些遗址中发现了海洋贝类和鱼骨化石等傍海而居的证据。在山顶洞遗址发现的鱼骨和贝壳化石，尤其引人注目。北京周口店山顶洞遗址距今2万年左右，是旧石器晚期遗址。这就将我国海洋文化的开始时间推进到了旧石器时代晚期。

我国著名的古人类遗址，按时间先后有：云南元谋人遗址、陕西蓝田人遗址、北京周口店北京人遗址、中国香港黄地峒遗址、北京房山周口店山顶洞人遗址、广西柳江人遗址、中国台湾左镇人遗址、红山文化遗址、大汶口遗址、龙山文化遗址、半坡遗址、河姆渡遗址。有学者对这些著名的古人类遗址进行了分析，发现这些古人类遗址多数分布在东部沿海地区。其中只有云南元谋人遗址、陕西蓝田人遗址和半坡遗址三处，深处内陆。这说明沿海的华北、华东和华南地区早就是中华先民的休养生息之地，也是中华文明的孕育之地。

山顶洞洞口

海 洋 文 明

很长时间以来，我们以为中国是一个以内陆文明为特征的国家。中国被认为缺乏那种与海洋接触而生成的心态和思想观念；相应地，也缺乏在开发利用海洋的活动中形成的海洋文明。德国哲学家黑格尔说："尽管中国靠海，并在古代可能有着发达的航海事业，但中国并没有分享海洋所赋予的文明。他们的航海，没有影响于他们的文化。"黑格尔认为海洋文化是使西欧区别于东方诸国的文化特征。

海洋文明是指居住在海边的人们，以海洋为介质进行生产和生活，并在这个过程中发展出的文明体系。古希腊的文明被认为是一种海洋文明。海洋文明又被称为蓝色文明，而黄土地上发展出来的农耕文明被称为黄色文明。冯友兰曾说："中国是大陆国家。古代中国人以为，他们的国土就是世界。汉语中有两个词语都可以解释为'世界'。一个是'天下'，一个是'四海之内'。海洋国家的人，如希腊人，也许不能理解这几个词语竟然是同义的。"在传统的认识里面，中国是大陆国家，只有农业文明。虽然也有一些航海的实践，但不是海洋国家，没有海洋文明。一些学者甚至认为"中国船只在近海中航行，因此，中国人在航远海或大洋时，就要乘外国船"。这样的认识与我国的舟船考古于历史研究中没有得到充分重视大有关联。研究舟船史的学者们，痛心于在我国的舟船考古中缺少那种相关考古机构领头，主动地、自上而下地、有组织有计划地行动。舟船残骸、水下遗物的挖掘，往往只是在日常的生产建设中偶然发现后的抢救行动。西方国家则相当关注本国的造船历史，并进行积极的考古发掘工作。

现在我们逐渐认识到，中国的文明不只是单纯的内陆文明。早在史前，中国已经有了原始的海洋文明。民族学家、语言学家和考古学家从19世纪末一直在研究东南亚和太平洋岛屿上的南岛语系。他们发现的证据表明，这种南岛语的前身来自于中国台湾，而最早是由中国大陆东南沿海的史前居民把这种语言带到了中国台湾。大约前5000年末期这些东南沿海的原始居民来到台湾岛，在这里发展出了前南岛语。前3000年左右，讲前南岛语的中国台湾居民浮海来到吕宋岛。语言的传播，意味着中国不仅有原始的海洋文明，而且还通过海上交通影响到东南亚。

西欧的海洋文明与地中海有着密切关系。地中海是世界上最大的陆间海，环地中海周边产生了多种多样辉煌灿烂的古文明，这些文明通过地中海提供的便利航海多有联系，且相互深刻影响。中国面对的是更加浩瀚的太平洋，在与其他地区相互通航的便利性上有很大差距。不过，中国的古文明中也不可避免地带有海洋文明的因素。在中国古代文明中随处可见海洋文化的气息。《老子》曰："江海所以能为百谷王者，以其善下之。"《论语》云："四海之内皆兄弟。"孔子说："道不行，乘桴浮于海。"就是说如果不能推行自己的理想，干脆坐上船出海，逍遥于水云之间。吴国灭亡，范蠡把珠宝玉器收拾起来，坐上船，逃到大海上，再也没有回来。其实，海岛往往是古人避难之所，因政治失利等原因便逃避到荒僻的海岛上。海岛有时也是放逐罪人的地方。

我们这个有着悠长的海岸线和历史的国家，曾发展出了丰富的海洋文明。那些居住在我国海边的先民们，在遥远的洪荒年代，已经开始凭借智慧和勇气来接受上天赐予的海洋资源。在汉朝到明朝的漫长历史中，我国的航海事业与航海技术，在世界上是处于领先位置。本书将揭开有关我国海洋物质文明的一角，粗粗领略我国古代的航海科技。

知识链接

贝丘遗址

贝丘遗址广泛分布于太平洋、大西洋、地中海沿岸，以及内陆湖泊周围。时间上，一般属于新石器时代，有的延续到青铜时代。考古学家们最初认为古人类将吃过的贝壳抛弃堆积在一起，形成了贝丘堆积。随着研究的进展他们发现，贝丘往往不是简单的厨余垃圾。对远古人类来说，贝壳还有很多实际的用途，比如可以用来制造各式工具，可以生产石灰，可以作为陶器的羼料。此外还可以直接用在建筑中，用来修建路面、坟墓。古人类为了各种目的，将贝壳堆积起来，所以贝丘遗址的形成原因很多。甚至也有自然堆积而成的贝丘遗址。例如，在南非一处洞穴堆积中发现的贝丘遗址，距今13万年，属于中期旧石器时代，是世界上最早的贝丘遗址。旧石器晚期的贝丘遗址在全球各处多有发现，反映了原始海洋采集的发展。

中国新石器时代以来，在滨海一线，从南到北不断发现海洋文化遗迹。像三亚英墩新石器遗址、广西东兴贝丘遗址、广东珠江三角洲地区贝丘遗址、福建富国墩贝冢遗址、山东龙口贝丘遗址等，都是典型的贝丘遗址。在中国的贝丘遗址中有牡蛎、红螺、凤螺、锈凹螺、毛蚶、泥蚶、海蛏子等丰富的海产，还有生产和生活用具，如陶器、打制石器、磨制石器、蚌器、网坠等。这些遗址为我们反映了中国先民们与海洋的密切关系。他们傍海而居，与海洋打交道，从海中获取生存资源，沿着近海航行，形成与海洋有关的文化。

蚝岗贝丘遗址出土陶颤

蚌器

陶网坠

2 远古的航海工具

《世本》中说:"古者观落叶因以为舟。"古人看到落叶在水中漂浮的样子,因此模仿着造出了舟。《淮南子》中说:"见朽木浮而知为舟。"古人看到水中漂浮的朽木,学会了造舟。这些都是古代学者对于舟船起源的推测。远古的先民们最初如何想起造舟浮水,是难以考证的。当然,古代学者说先民看到水里漂浮着的落叶、浮木,或是其他物体,于是受到了启发,也有些道理。

以匏济水

在舟船发明之前,先民制作过更原始的浮水工具。明朝人罗欣所著的《物原》里面说:"燧人氏以匏济水,伏羲氏始乘桴。"燧人氏是三皇之首,出生在商丘。传说燧人氏教华夏人如何钻木取火,并用火把食物烧熟,从此华夏人结束了茹毛饮血的历史。罗欣说燧人氏用匏来渡水。匏就是葫芦。成熟的葫芦是空心的,有着坚硬的壳,又轻又不怕潮湿,浮力也大。燧人氏利用葫芦天然的浮性,让自己漂浮在水上,能够比较轻松地渡水,是个聪明的办法。伏羲氏是燧人氏的儿子,也是三皇之一。他是最早开始使用桴子的人,桴子也就是小筏子。乘小筏子比起抱着葫芦渡水,更加轻松,人可以站在筏子上而不弄湿衣衫,划行的速

渡水葫芦

5

度也更快了。

上面这些是从上古流传下来的传说。传说往往不完全等同于历史上真正发生的事情。用葫芦的浮力渡水,可能是由一个或一些不知名的先民找到的办法,并不真的就是燧人氏想出来的。但传说往往也并非完全虚构,其中也会有真实的成分。考古学家把那些远古神话传说与近现代的考古发现,结合在一起进行分析,找到相互印证之处。他们认为,我国最初的航海活动很可能在旧石器时代晚期已有了萌芽。考古学家在北京周口店龙骨山山顶洞遗址发现钻了孔的海贝和用海螺壳串起来的装饰品。在浙江河姆渡百越文化遗址中,也发现了海鱼骨头。这些考古发现说明,远古人类已经与海洋频繁地打交道了。他们从海洋里获得生存资源、食物、工具还有装饰品。远古的人类面对江河和海洋,他们想得到水里的鱼,或是想到对岸水草更丰美的地方,这时他们就需要渡水。他们慢慢地发现一些浮性好的东西,如葫芦,可以帮助人们浮水,能够节省一些力气。《易经》上有这样一句卦辞,"包荒(kang)冯(píng)河"。"包"是假借字,就是"匏"的意思。"荒"是空的意思。"冯河"是单身游水渡河的意思。"包荒冯河"这句卦辞,是说抱着空心的葫芦单身渡水。看来在中国的远古时代,这是一种普遍使用的渡水方式。在传说里面,古人把"以匏济水"的发明权给了燧人氏。今天的考古还不能确切地知道,我们的先民最早是从什么时候开始以葫芦这种自然物来渡水的。

原始的浮具不只有葫芦,能在水里浮起来,又能很好地支撑人体的物体都有被利用的可能。树干也是一种比较普遍的选择。树干的体积比葫芦大,浮力也比葫芦大。人们可以爬到树干上面过河,这样一来也比葫芦更舒服一些。四川大凉山的彝族过金沙江的时候,也有抱着一段树干,用腿击水前进的。彝族还有用竹筒浮水的方法。

腰 舟

远古时代聪明的中国人,又想到了把多个葫芦用绳子系成一串,然后把一串葫芦绑在腰间的办法。这样做成的浮具叫作"腰舟",类似于今天的救生圈。把葫芦扎在腰间，不需要用手托着葫芦，双手被解放出来，可以自由地划水，在水中行进的速度也加快了。同时，葫芦被牢牢地扎在腰间，也不用担心一不小心抓在手中的葫芦被水冲走。

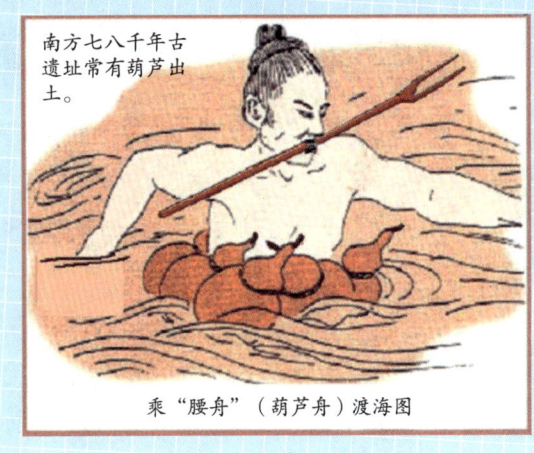

乘"腰舟"（葫芦舟）渡海图

腰舟

桴 筏

有了腰舟，双手解放出来了，但是涉水的时候整个身体还要泡在水里面。一方面身体泡在水里面，往往又湿又冷不舒服，另一方面身体在水里面运动毕竟阻力还是比较大的。人们自然希望能够站到漂浮的物体上面，这样渡水时身体不用被水浸湿。而且漂浮的物体在水面上运动，也更迅捷一些。为了能够站到漂浮的物体上，先民们想到了把漂浮物扎在一起，形成一个排状物。这种排状物，大的在古籍中称为"泭"，小的称为"桴"。用来扎筏子的原材料，可以是竹子、圆木，也可以是动物的皮囊。分别就有了竹筏子、木筏子和皮筏子。木筏子在古籍中称为"簰"，竹筏称为"筏"。人站在筏子上，用一根长长的篙，插入水中，用力一撑，筏子就在水中前进了。制作筏子的原材料，比较容易获得，把原材料扎成筏子的工艺也比较简单。人们终于可以在水面上，平稳而快速地航

羊皮筏子

7

《三才图会》里的筏子

行了。从传说中可以看到,桴的出现晚于"以匏济水"。筏子,是上古先民发明的第一种真正的水上交通工具。

宋朝高承编撰的《事物纪原》里面说:"变乘桴以造舟楫,则是未有舟前,但乘桴以济矣。"造舟是在使用桴之后,在舟出现之前靠的是桴来渡水。

知识链接

纸 草 舟

《诗经》云:"谁为河广,一苇杭之"。这句诗的意思是,谁说黄河宽,一个苇筏就可以渡过去。我国先民除了用树干、竹子,还用芦苇竿子来编筏子。埃及没有竹子,也缺乏树木。古埃及人利用尼罗河谷地盛产的纸莎草来做筏子。古埃及人最早使用的船就是这种纸草舟。纸莎草的全称是塞浦路斯纸草,属于莎草科,像芦苇一样长在浅水中,高度为4~5米,叶子从植物底部长出,茎部不长叶子,茎的顶端开扇形的花簇。纸莎草生长于欧洲南部、北非和小亚细亚地区。

纸莎草

因为纸草材质的限制,早期的纸草舟没有遗存。今天只能从墓室的壁画和古陶罐的纹饰上,看到上古纸草舟的模样,一种两端捆紧向上翘起的舟。简单的纸草舟只能容纳一个人手执长篙站在舟上,复杂一些的纸草舟则配备风帆和桅杆。

现代人复制的纸草舟(大约在公元前7250年,希腊居民划着一种纸草舟离开大陆,来到了米洛斯岛。)

有些较大的纸草舟能够在尼罗河上运载重物，在木船出现之前，水上运输的任务都是由这种舟来承担的。

西藏牛皮筏子

皮 筏 子

除了葫芦这样取材容易的浮具，先民们还制作了一种更复杂的浮具。那就是将完整的兽皮充气制成的皮囊浮具。皮囊浮具进一步发展，成为皮筏子。《水经注·叶榆水篇》有记载："汉建武二十三年（47），王遣兵乘革船南下。"革船就是用充气兽皮制成的皮筏子。制作皮筏子的兽皮，有羊皮和牛皮。《旧唐书·东女国传》有："用皮牛为船以渡"。唐朝以前"缝革为囊"，囊用兽皮缝制而成，这种被称为"革囊"。宋朝以后，制作皮囊的工艺提高，宰杀牛羊以后能够完整地将牛皮和羊皮囫囵脱下来。这样制作的"革囊"被称为"浑脱"。明叶子奇《草木子·杂俎》中说："北人杀小牛，自脊上开一孔，遂旋取去内头骨肉，外皮皆完，揉软用以盛乳酪酒湩，谓之浑脱。"浑脱的制作过程比较复杂，需要高超的技艺将羊皮或牛皮完整地脱下来。北方人杀了小牛以后，在脊背上开一个孔，从孔里把骨头和肉都取出来，同时皮依然完整。然后是一系列的炮制工艺，将皮子灌入清油，放在盐水里浸泡，再暴晒。晾晒好的皮子呈半透明状，把四肢和头部扎紧，只留一个口吹起。牛皮因为比较大，吹满气很不容易。因而有了吹牛皮一说。把做好的气囊几十个一组，甚至几百个一组捆扎在一起，再扎在木架子上，成为一个整体，这样浑脱就做好了。浑脱在军事上尤有优势。《续资治通鉴·宋神宗元丰四年》里面记载："凡出兵深入贼境，其济渡之备，军中自有过索、浑脱之类，未闻千里运木随军。"过索是渡河用的绳索。在行军深入敌境的时候，备上渡河的绳索和轻便的浑脱，这些渡河工具都很有用，又便于携带。民间使用皮筏也很普遍。在古代，皮筏子一直是北方的水上运输工具。从青海、兰州到包头的黄河航道上，古人用皮筏子进行长途贩运。由几百只羊皮袋扎成的大皮筏子，由多人操纵，载重可以达到20到30吨。

3 独木舟

距今 1 万年前，人类的石器时代进入最后阶段，人们开始使用磨制的石器。这个时期被考古学家称作新石器时代。我国的原始社会在这个时期，生产和生活技能大幅提高，人们从狩猎、采集发展到农业、畜牧业；社会结构也发生了重大变化，从母系氏族过渡到父系氏族。新石器时代，人类已经有比较成熟的独木舟了。但是我国考古中发现的独木舟遗存物很少，而且年代大多是新石器时代中晚期之后的。因而有一些国外学者认为，古代中国没有或极少有独木舟，中国的木船是从浮筏直接发展而来的。然而浮筏缺少一个所有船只都有的最基本特征——干舷。干舷是船在满载以后，船体两侧的舷侧板在水面以上的部分。浮筏没有容器的形态，没有干舷，还不能算作舟、船。独木舟是世界上最早出现的能称作船的水上交通工具，它有了干舷，是一个漂浮的容器。独木舟解放了人类的手脚，人的身体和货物能够与水隔离又不被打湿了。

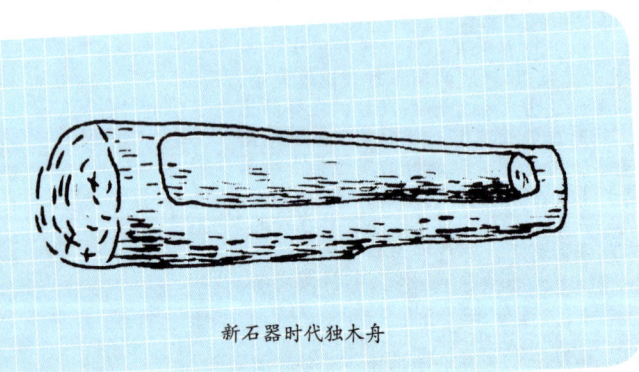

新石器时代独木舟

独木舟的传说

在远古的中国，独木舟最早由谁发明已经无法考证了。但是关于独木舟的发明者却有各种传说流传下来。《世本》中说："共鼓、货狄造舟。"《山海经》中有"番禺始作舟"。《物原》中说"轩辕作舟"。

这三本古籍给出了舟的不同发明者。《拾遗记》中也有"轩辕变乘桴以造舟楫"。《易·系辞下》中则有:"伏羲氏刳木为舟,剡木为楫,舟楫之利,以济不通,致远以利天下。"孔颖达疏曰:"舟必用大木刳凿其中,故云刳木也。"古人们先找到一根高大的树干,去掉枝杈,将这个树干从中间剖开,然后根据独木舟的形状,确定需要先后烧烤的位置,再用湿泥保护其余部分,然后用火烧烤需要挖掉的部分,等到这个部分被烧成焦炭以后,用石锛把疏松的焦炭刳掉,最后用砺石把内部打磨一遍,这样一条独木舟就造好了。

已发现的最早独木舟

跨湖桥是一座将湘湖一分为二的大桥,始建于明嘉靖年间。1990年跨湖桥的附近发现了一处新石器时代遗址,比河姆渡文化和良渚文化还要早。跨湖桥遗址出土了大量的文物,有陶器、木器、骨器、石器等,其中一艘距今8000年的独木舟尤其引人注目。2002年在浙江省杭州市跨湖桥村的东南边缘,靠近已经干涸的湖滩上,考古学家们从5米深的泥土中,发掘出一条独木舟。船史研究专家在发掘简介中写道:船体较薄,保存基本完整,弧收面及底部上翘面十分光洁,船头留有"挡水墙",这些都是独木舟的形状特征;有面积较大的黑焦面是借助火焦法挖凿船体的证据,这是独木舟挖凿工艺的明显反映,跨湖桥遗址出土了一条独木舟是确定无疑的。

跨湖桥独木舟位于干涸的湖岸边。独木舟体的一端被附近砖瓦厂取土时挖去了,幸好另一端保存基本完整。剩下的部分舟体,长度为5.6米,有1米左右宽的侧舷,船头宽29厘米,舟体的基

跨湖桥独木舟

本宽度是 52 厘米。船头下底面以呈圆弧状上翘，上部保留 10 厘米到 13 厘米的残损"甲板"，与侧舷齐平。舟体最大深度为 15 厘米，较薄，底部与侧舷厚度均为 2.5 厘米左右。出土时独木舟支放在许多桩木、枕木和垫石上，出土现场还有石锛、砺石等加工工具。可以看出，独木舟不是随意地弃置在湖边，而是处于加工的过程中。而跨湖桥独木舟的内部很光滑，应当是一条经过长期使用的独木舟。考古学家推测，这是一条正在修理的独木舟。独木舟旁边有剖木料，其中长的接近 3 米，从大小来看正好可以做"边架艇"的浮木。据此有考古学家进一步提出，跨湖桥独木舟的现场正在进行"边架艇"的修复。而且独木舟的木料里面盐分很大，这很可能是长期在海水中使用的结果。独木舟在当时是先进的大型交通用具，制作工序复杂，在使用中发生了损坏，能够维修的会尽量维修，不会轻易遗弃。

经过对独木舟和遗址上木头的碳 14 测定，这条独木舟距今 7000—8000 年，属于新石器时代中期。跨湖桥独木舟是我国现存最早的独木舟，在其发现之前我国没有发现过新石器时代的独木舟。这一考古发现，使我国成为拥有世界上最古老独木舟的古船文明国家之一。

跨湖桥独木舟发掘现场

制造跨湖桥独木舟的工具是有段石锛。石锛是一种磨制石器，长方形，与石斧有点相似。不同的是石斧为双面刃，石锛为单面刃。有段石锛是在石锛的一端磨掉一块，再装上木柄。有段石锛上的木柄与刃口垂直，而石斧上装的木柄与刃口平行。有段石锛可以用来砍伐和刨土，是一种比较高级的石制工具。用有段石锛制造的跨湖桥独木舟内部弧面工整且颇为光滑，反映出比较成熟的独木舟制造工艺。最原始的独木舟制作非常简单，没有复杂的工艺。原始独木舟往往是利用一段已经腐朽的树干，以简陋的石器稍作加工而成。因而可以推测，在跨湖桥独木舟之前应该有更为原始的独木舟。据此，专家们把中国最早出现独木舟的时间推到了一万年以前的新石器时代早期，甚至是更早的旧石器时代晚期。

河姆渡文化石锛

跨湖桥遗址出土的石锛

新石器晚期的独木舟

在中国境内出土的其他独木舟都比跨湖桥独木舟要晚。比如，余姚河姆渡遗址中，曾发掘出独木舟模型。河姆渡文化史是具有海洋文化特征的历史遗存，有能够停靠船的史前埠头。考古学家在河姆渡遗址发现多支木桨，这些木桨由整块木头制作，有船桨就应当有船，但是真实的船没有找到。不过20世纪70年代河姆渡遗址中出土过由夹炭黑陶制作的独木舟模型。这件独木舟模型，属于河姆渡第四文化层的遗存，距今大约7000年。夹炭黑陶是河姆渡文化中很有特点的陶质材料，胎泥纯净，掺入大量稻壳以及稻的茎、叶，

夹炭黑陶腰沿釜

主要用来制作各种器皿。

同属河姆渡文化的田螺山遗址,出土了30多件不同形态的木桨,考古学家一直在寻找独木舟,可都没有任何结果。2014年却意外地发现泥土中露出一个尖角,竟是一座独木舟模型。田螺山独木舟距今7000年左右,由整段圆木雕凿而成,长35厘米,宽接近10厘米,高约10厘米,船舱的长度为25厘米。船头是尖的,船底呈V字形,舱体是椭圆形的。有意思的是,船尾为近方形。整个船体的形态似已脱离原始的独木舟。既然有精致的独木舟模型,可以推测当时存在真实使用的独木舟。

这些新石器时代晚期的考古发现,能够与《易·系辞下》中的"伏羲氏刳木为舟,剡木为楫,舟楫之利,以济不通,致远以利天下"的传说相互印证。

2010年良渚茅山遗址发现的独木舟距今约5000年,是国内现存

田螺山遗址木制独木舟模型

良渚茅山遗址中的独木舟

最长和最完整的史前独木舟。良渚文化遗址,也是前期发现多支船桨,但是没有找到船只。"以前良渚文化遗址考古发掘中,曾经发现过木质船桨,著名的良渚文化古城遗址也发现有几处水城门,以此推断,水路舟船行驶应该是良渚文化先民一种重要的交通形式。但是,考古发掘中一直没有发现独木舟"。浙江省文物考古研究所研究员丁品说:"这次在茅山遗址发现的独木舟了了这个心愿。"这艘独木舟发现于茅山遗址的一条南北向的古河道中,古河道从北到南由宽变窄。这个古河道并不在地表,而是位于年代略晚的良渚文化水稻田下面。良渚独木舟由一整段巨木制成,全长 7.35 米,最宽 0.45 米,深约 0.23 米,船帮厚约 0.02 米。

知识链接

能够航海的"复合独木舟"

"独木舟"由一根整木加工而成,优点是天然一体无缝,不易解体。但是单体独木舟在水中航行时稳定性不好,在海中远距离航行有难度。为了解决这个问题,古人对独木舟进行了改装。改装的方式主要有两种。一种是在独木舟的一侧或两侧,用多根横木作为连接,在横木上用长绳捆扎与独木舟同向的浮木,来增加其稳定性,成为"边架艇"。浮木一般是圆木形状或扁舟形状,长度则是独木舟长度的一半。横木与独木舟的连接,有的是在船舷打洞嵌入横木,有的是在船舷穿孔再用绳索捆扎横木。"边架艇"在东南亚有广泛应用。另一种是将两只或更多独木舟横向并排连接或纵横连接形成"子母船"。"子母船"在中国古代有应用,直到现代也能发现"子母船"的痕迹。比如贵州台江施洞龙船节期间使用的龙舟就具有原始子母船的痕迹,专家称其为消失了的史前远洋舟船的"活化石"。

施洞龙舟

4 木板船始航

木板船的演化

随着人类社会从石器时代发展到青铜时代，社会结构也发生了重大变化，即由氏族部落向奴隶制社会过渡。这个时候人们可以使用的技术手段大幅提高和丰富了。除了木制和石制的工具，金属工具开始出现。金属硬度高，又可以冶炼成液体，浇入模具，铸造成各种形状的金属用具和工具。这种技术革新在当时比今天的 3D 打印技术，还要震撼和具革命性。金属工具的应用，对农业和手工业起到了很大的促进。人们利用各种形状，并有锋利刃口的农具开垦荒地。手工业的加工能力提高，分工更加精细，建筑、酿酒、皮革、纺织、青铜、制陶、舟车等都有专门的工匠负责。

据史书记载，这个时期我国第一个世袭制朝代夏朝建立了。木板船也出现在这个时期。《论语·宪问》中有记载，南宫适问孔子："羿善射，奡荡舟，俱不得其死然；禹、稷躬稼而有天下。"奡是传说中寒浞的儿子，是个勇敢的大力士，后被夏少康所杀。南宫适说，羿善于射箭，奡能够娴熟地操驾舟船，但是都不得善终；大禹和掌管农事的官员后稷，则凭借治水种田，得到了天下的拥戴。"奡荡舟"，也被解释为陆地行舟，大力的奡能够在陆地上推动舟船。奡善于水战，羿善于射箭，在孔子看来这些武力都会带来不好的结果。"奡荡舟"是关于夏朝有船舶的一条文献记载。木船易于腐烂，至今尚未发现夏商时期的木板船遗迹。关于夏朝舟船的文献记载也很罕见，"奡荡舟"是一条很珍贵的文献。

在独木舟之后古人的航海工具迎来了新的飞跃，木板船出现了。

木板船出现在青铜时代，与此时的技术发展、生产和生活需要密切相关。随着人类活动范围的扩大，对自然的索取更多，制作独木舟的大圆木变得不像远古时那么容易获得了；而且古人们也不再满足于独木舟或者浮筏这样简陋和原始的航行工具了。他们需要能够更好地抵抗大风，稳定性好且不容易倾覆的航行工具，可以在大海或江河中更安全地行驶。随着生产力的发展，产品更丰富，贸易也更活跃。需要贸易的货物越来越多，人们也需要一种能够提供更大运载空间的航行工具。

古人们尝试着对独木舟进行改装。他们在独木舟的两侧安装木板，这加大了独木舟的空间和吃水深度。人们慢慢地发现可以不用依赖独木舟，不用在独木舟上改装。于是这个作为船底的独木舟所用的圆木变小了，圆木中被刳出的空间也变浅了，直到最后圆木变成了船的龙骨。龙骨在水面之下，独木舟完成了向木板船的演变。这时，刳空圆木已经是一道多余的工艺了，一根圆的树干就可以当作龙骨。我国古代尖底或圆底的木板船就是这样一步步地被发明出来的。

古代还有一种平底的木板船，是从另外一条路线发展出来的。这种平底的木板船，由浮筏演化而来。浮筏是古人发明的最早的水面航行工具，但是它的水密性差，放在上面的货物容易浸水。为了解决这些问题，古人在浮筏上铺上木板，在浮筏的四周则装上列板。由此，平底的木板船就出现了。

木板船的产生是因为古人有了改进独木舟和浮筏的需求。但是仅有这个需求和愿望，还是不够的。人们还需要相应的工具来达成这些目的。随着青铜时代的到来，出现了多种形态各异、坚固、锋利的青铜工具。1980年，在河南偃师二里头，考古学家们发现一处夏朝青铜器铸造场遗址，发掘出铜凿、铜锛。在济南大辛庄、唐山大城山、洛阳东干沟等龙山文化遗址，还分别出土了铜刀、铜锯等木工工具。这些重要的考古发现，终于让我们能够确定，历史文献中关于夏朝铸鼎、铸剑的记载是真实可信的。有了青铜的木工工具，人们可以把树干锯成木板。据文献记载，夏朝也有了规、矩、准绳

甲骨文的舟字图

商朝卜辞

这些木工工具。所以考古学家推断，我国的木板船最晚出现于夏朝。

不过，除了上面提到的"羿荡舟"，在古文献中几乎没有夏朝船舶的记载。考古学家在殷墟甲骨文中发现了几个舟字。甲骨文是中国迄今为止发现的最古老的成熟文字。甲骨文刻在龟甲或兽骨上。商朝王室在占卜之后，会把所得的关于吉凶的结果用甲骨文记录下来。甲骨文是象形文字，它描绘了古人直接看到的事物。我们从这三个舟字中可以看到，当时的木板船有纵横的结构。考古学家认为，"舟"字上的三四条横线，可能是表示船上的三段加固船体横向强度的横梁。在甲骨文"舟"字出现之前，木板船一定已经造出来了。

卜辞中还有很多商王审察船只和乘坐舟船的记载。商王在审察船只和乘坐舟船之前，会让人占卜一下吉凶，于是就在卜辞中留下了一些相关的记载。盘庚是一位积极有为的商王，他在位期间决定再一次迁都到殷，这就是"盘庚迁殷"。《尚书》里面记载，盘庚在迁都的过程中曾告诫臣民，你们要乘舟走的话，如果舟在水中不能成功渡河，那么舟上的货物是要遭殃的。由此可见，当时有很多人选择用船来运输物件。据考古确定，商朝的几座都城都选择在沿河一带。这样正是考虑到了水运的方便。商朝时期地球正处于全新世大暖期末段，气候温暖潮湿，中原地区河泽广布，水网纵横，一如今天的江南。平原地带的河流相互连通，为水上交通提供了非常优良的条件。河流为古人带来阻碍的同时也带来便利，如果想要利用河流的便利，需要的是便利的水上交通工具——舟船。商朝都城的选择，反映了当时已经能够很好地利用河流，水运在商朝的政治、经济和军事方面的作用和影响相当大。

卜辞中还有占卜问道，"大史""小史"等谁来负责造船之事。卜辞："庚午卜，惟大史析舟，惟小史析舟，惟吴令析舟。"这段卜辞里面的"析"字，有学者认为是解的意思，也就是商王让吴令人解舟以待用。更多学者认为"析"是折，是破木的意思，也就是造船。商朝殷人的造船业有了很大的进步，当时已经有专门造船的工场了。

扬帆的木板船

我国的风帆最早发明于什么时期，迄今还不得而知。学者们推断，从具备制作风帆的物质条件与技术考虑，很可能在新石器时代就已出现了。在漫长的古代航海活动中，除了船桨，风帆是最主要的动力装置。风力是大自然赐予的取之不尽，用之不竭的能源，而且蕴含着巨大的能量。狂风能掀起巨大的海浪，能将大树连根拔起。我国近海的海域中，有着规律的季风。远古的先民们应该已经在航海活动中感受到了海风的威力。有的时候顺风航行速度加快，有的时候逆风航行愈加艰难。开始的时候他们可能用一些手边现成的物件，如一张兽皮，或者用植物纤维编织的席子，来获得风的能量，加快船的行驶。随着纺织技术的发展，到新石器时代已经出现了早期的织布。织布是制作风帆的重要材料之一。

英国生物学家和科技史家李约瑟指出，从甲骨文"舟"字的复杂程度可以看出，当时的船已"不是欧洲人想象的用一个船头柱、船尾柱连接龙骨所组成的，而是带有尾板、舱壁及方端结构的船。换句话说，即帆船的原形"。

半坡人织布场景

殷人远航美洲

能够制作木板船，学会使用风帆，理论上便有了远航的可能。20世纪30年代，中国学者提出了殷人远航美洲的猜想。学者卫聚贤以学术观点新颖大胆著称，他在《中国古代美洲交通考》中说，殷人亡国以后，逃亡到了美洲。1974年，卫聚贤组织了一次仿古实验。他让一批人乘坐仿照广州出土的汉朝舟船复制的仿古船，从中国香港启航横渡太平洋往美洲驶去。仿古船上没有任何现代装备，就是要看在这样的条件下能不能到达美洲。但是这个雄心勃勃的实验最终失败了。房仲甫是我国的航运史家。他说："古代中国东渡美洲有三条航线可通，北渡白令海峡，中趁黑潮暖流，南即后期发现的马尼拉航线……据亲自驾驶帆船历时33天，横渡太平洋成功的加利福尼亚大学美籍华人物理学教授周传钧博士见告，船过日本后，一路海鸥伴飞，海豹伴行，途中多雨雾……看来古代中国船只被漂到美洲是完全可能的事，所以中国人很早就可能到达美洲。"作为一种学术猜想，殷人远航美洲看起来过于大胆。但是一些考古发现和人类学研究仍为我们带来了想象的空间。美洲墨西哥沿海的"奥尔梅克文明"和中国商朝文化有颇多相似。考古学家在奥尔梅克文化遗址的一个祭礼中心的塔下，发掘出16尊翡翠雕和六块玉圭。六块玉圭上的铭文类似甲骨文。考古学家甚至破译出来一些玉圭上的文字。

知识链接

从独木舟到木板船的过渡船

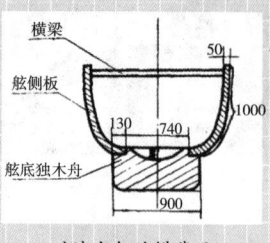

川沙古船的横截面

由于木板船易于腐烂，很难保存下来。迄今还没有发现夏商的木板船遗存。1979年12月15日上海川沙出土了一艘古船，这艘船埋在地下约4.5米的深处。考古学家把这艘船复原以后，发现它有16米长。有意思的是这艘古船的船底，是一艘独木舟。在这个作为船底的独木舟的基础上，加装了舷板。发掘的时候仅剩下右舷板，左舷板已经失散了。

考古学家们在船上发现了一枚开元通宝,他们还在这一地带先后发现了一些唐朝的遗物。他们认为这些说明了这艘船是唐朝建造的。可能是一艘渔船或是小型的散货船。虽然这艘船的历史只有一千多年,比木帆船最初出现的时期要晚很多。但是它很可能使用的是早期独木舟向木船过渡时期的工艺。今天,我们能够从这艘古船的残骸,一窥从独木舟到平底船的过渡形态是怎样的。

开元通宝

古埃及太阳船

在埃及首都开罗西南10千米处,胡夫大金字塔南侧有个"太阳船博物馆"。在这里陈列的一艘太阳船,是世界上最著名的古船之一。这艘保存完好的古船已经在胡夫金字塔西南侧的石坑内埋葬了4500多年,它是法老胡夫的大型陪葬品。太阳船由1 224块雪松的木板打造而成。埃及没有雪松,制作船只所用的雪松来自黎巴嫩。

胡夫金字塔　　　　　太阳船博物馆　　　　埃及阿比多斯神庙墙壁上的雕刻画

太阳船在古埃及神话故事里起着非常重要的作用。每晚太阳神——拉神,会扬帆在冥河里航行,一路需要经过十二道城门,即十二个钟点,战胜各种妖魔鬼怪,直到经过最后一道城门,他成为早晨的太阳拉·哈拉凯悌,这时他开始乘坐白昼之船在天空巡航。埃及阿比多斯神庙墙壁上的雕刻画,其中有表现神话中的太阳船在拂晓时载着太阳神升起的情景。古埃及人认为昼夜交替是因为太阳神白天乘太阳船从东向西航行于天空,夜晚则从西向东在地下巡行。

克里特的船

考古学家在爱琴海上的亚克罗提利发现了古老的壁画,壁画绘制于公元前1500年左右。壁画上绘有形态各异的克里特的船。

壁画上的克里特的船

5 春秋战国时品目繁多的船

德国学者雅斯贝斯在他的著作《历史的起源与目标》中，认为公元前800—前200年是人类历史的"轴心时期"。在这个时期，世界上不同地区的几大文明，突然像觉醒了一般，有了自我意识。这个时期，西方出现了古希腊文明，伊朗有了袄教，巴勒斯坦出现了以利亚、以赛亚等先知，印度则是佛陀的时代。"轴心时期"的中国，正处于春秋战国时期。中国在这个时期，物质技术和精神创造突然之间相辅相成地、飞跃式地发展起来。春秋战国的人们对海有了更多的认识。《老子》六十六章中说："江海所以能为百谷王者，以其善下之。"庄子说："计中国之在海内，不似稊米之在太仓乎？"战国时的邹衍认为在大陆的周围有无边无际的海洋环绕，大陆只是广阔海洋中的岛。航海之事也随着精神和物质的发展有了突破，出现了品目繁多的船，船只的动力装置也相应地呈现多种形态。周贞定王元年，也就是公元前468年，越国武装迁都琅琊，"发死士八千人，戈船三百艘"，自会稽出发，航海北上山东。一次航行便出动三百艘海船，当时的造船能力可见一斑。

频繁的航海活动

《史记·越王勾践世家》中说："（范蠡）自与其私徒属乘舟浮海以行。"春秋战国的航海活动变得频繁起来。各个诸侯国，特别是那些濒海的国家，在航海方面有了更多的需求。他们要发展水军，发展水上航运，还需要远洋的外交和贸易航行。齐国、楚国、吴国和越国的水军率先发展，吴越两国更是不可一日废舟楫之事。《越绝书》里面有记载，越王勾践曾对来做说客的孔子说，"夫越性脆而愚，水行而山处，以船为车，以楫为马，往若飘风，去则难从……"这反映出越国人对航海的熟悉和偏爱。

春秋时期出土金柄铁剑

造船技术的进步

铁的发现和使用，在中国可以追溯到商朝。春秋战国时期，冶铁技术有了很大的提高。人们发明了冶炼生铁、锻钢、淬火的技术，各种铁质器具被广泛应用于

春秋时期独木舟

生产，推动了生产的进步，手工业的分工更加精细。1978年在河北平山发现的五艘战国时期的木船，正是用铁箍拼接船板。而且很可能战国时期已经采用了铁钉拼接工艺。铁质构件的使用可以大大加强船体的结构强度。这个时期的木工技术也达到了新的水平。春秋时期的名匠鲁国人鲁班，为传统造船技术发展奠定了技术基础。随着造船技术的发展，这个时候舟的名称也多样起来，有了舟、船、舠（运送土石的大船）、舡、艇、艄等。屈原《涉江》有："乘舲船余上沅兮，齐吴榜以击汰。船容与而不进兮，淹回水而疑滞。"屈原沿着沅水逆流而上，乘坐的舲是一种有窗户的小船。《诗·卫风·河广》中有："谁谓河广，曾不容刀。"刀为舠，也是一种小船。

战船与民船分道扬镳

生产力和技术提高了，造船的数量也开始增多，在吴国和越国出现了造船工厂，被当时的人们称作船宫。船舶的数量多起来，同时船舶的种类也随之繁多起来，不再是简单的独木舟、木板船。根据用途和功能的不同，船舶被分为了官船、民船和战船等类别。因为要完成不同的使命，民船和战船需要有不同的构造。而同一大类的船舶中间，因为功用不同，又细分为大小形态各异的船舶。记录春秋末年至战国初期吴越争霸历史的《越绝书》中，有这样的一段对话。吴王阖闾问伍子胥："敢问船军之备何如？"伍子胥回答说："船名大翼、小翼、突冒、楼船、桥船，今船军之教比陵军之法，乃可用之。大翼者当陵军之冲车，楼船者当陵军之楼车，桥船者当陵军之轻足骠骑也。"舡军就是船军，陵军是陆军。伍子胥所说的大翼、小翼等都是战船的名字。战船因为要担负进攻、防御、运输、侦查、巡逻等不同的任务，所以发展出了大翼、中翼、小翼、突冒、楼船、桥船、戈船、太白、飞云、仓隼、金船、小儿、先登、飞鸟等繁多的品种。其中，楼船的攻防能力都很强，"三翼"和"戈船"能够快速攻击，而"突冒"用于撞击战，"桥船"是机动灵活的冲锋船。此外，还有一种大型楼船"艅艎"，是战斗中的指挥舰。吴越两国水军在太湖西南激战时，吴王夫差在艅艎上亲自擂鼓，指挥战斗，打败越国水军。

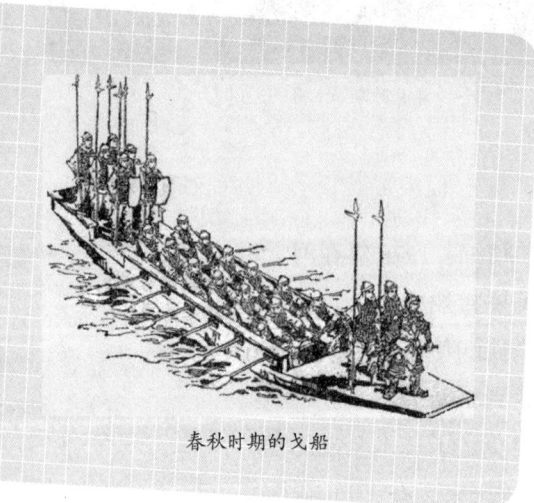

春秋时期的戈船

《墨子·鲁问》里面说："昔者楚人与越人舟战于江，楚人顺流而进，迎流而退，见利而进，见不利则其退难。越人迎流而进，顺流而退，见利而进，见不利则其退速，越人因此若执函败楚人。公输子自鲁南游楚焉，始为舟战之器，作为钩强之备，退者钩之，进者强之，量其钩强之长，而制为之兵。楚之兵节，越之兵不节,楚人因此若执函败越人。"《墨子》中的这段是楚、越在长江水战的记录。开始的时候,楚人因为在上游,所以战船易于前进,但不易后退;越人则相反,看到不利的时候能够速速退却。这样一来楚人往往失利。于是公输子,也就是鲁班,帮助楚人制作了专门用于水战的装备。这种钩强装置,能够在敌船退却的时候勾住敌船,让敌船走不掉;在敌船进攻的时候又能阻挡其前进。有了这样的装备,楚国在水战中能够取得不断的胜利。这段记载说明当时南方长江一带水战已经很频繁了,水战装备也在不断改进。

知识链接

纯金打造的大翼战船模型

上海中国航海博物馆藏有一艘纯金打造的"春秋时期吴国大翼战船"模型。这艘大翼船的船体部分,由船壳、船底、船舱、战棚、甲板和栏盾等结构组成。在船舱中有48位桨手,每两人划一支桨,一共有24支桨交错分列在船舷两侧。船尾处有舵手2人,一人负责转向,一人走动联络。甲板部分为战船的战斗部分,主要由瞭望楼、绞车、华盖、战鼓、藤牌盾、甲板水军40余人组成。船的首尾分别有一座瞭望楼,可以登高观察敌情,其外覆盖生牛皮以抵挡射来的箭矢。甲板上还有两处御座华盖,一处是桨号战鼓,主要协调船舱底部桨手的划桨速度,一处是指战御座,将领在此指挥水军战斗。这座金灿灿的大翼船模型,为我们栩栩如生地复现了吴国水军的战斗场景。

中国航海博物馆

伍子胥塑像

对于大翼船,伍子胥在《水战兵法》中说,吴国战船"大翼一艘广一丈六尺,长十二丈",可"容战士二十六人,棹五十人,舳舻三人,操长钩矛斧者各四人,吏、仆、射、长各一人,凡九十一人"。从大翼船上人员的分工我们可以看到,船员们各司其职。春秋战国时期,随着各型各色的船的出现,船的驾驶技术越来越复杂,船员的职务有了分工的需要。独木舟或是浮筏的驾驶,由一两个人边划水边掌握方向就可以完成了。早期的木板船或是木帆船也是通过很少的人同时完成多种原始的操作来行驶的。但是,大型木船的操船技术越来越复杂,靠一个人或几个人分饰多角的原始操作方式越来越困难,每项技术都需要由专人负责,于是船员角色从这个时期开始逐渐固化。

纯金打造的大翼战船

大翼战船上的水军

6 青铜器上的先秦水战

青铜器是由青铜合金制作而成的多种形态的器具。人类制作和使用青铜的时期，被称为青铜时代。春秋战国时期，随着周朝礼乐的崩坏，为礼制服务的青铜器也发生了变化，青铜器的礼乐教化的用意减弱，趋于生活化和享乐化。该时期青铜器上的纹饰风格，与商朝和西周神秘诡异的风格大异其趣。郭沫若曾说："本期之器，已脱去神话传统之束缚，而有自由奔放之精神。"青铜壶鉴是战国时期比较常见的青铜器具。但是镶嵌有人物画像纹饰的青铜壶鉴则数量较少，存世尤为稀少。水陆攻战纹是战国时期青铜器人物画像纹饰的一种。这里介绍三件国宝级青铜壶鉴上绘制的水陆攻战纹饰。这三件铜器年代最早的是河南汲县出土的水陆攻战铜鉴，然后

河南汲县出土的水陆攻战铜鉴

故宫博物院收藏的战国宴乐射猎攻战纹铜壶

成都百花潭出土的宴乐攻战纹壶

是故宫博物院收藏的战国宴乐射猎攻战纹铜壶，最后是成都百花潭出土的宴乐攻战纹壶。三件青铜器上的水陆攻战纹饰构图巧妙，人物栩栩如生，给我们描绘了那个时代水战的场景。其中河南汲县出土的水陆攻战铜鉴对水陆战争场面刻画得最细致，成都百花潭出土的宴乐攻战纹壶则是最简单的。

水陆攻战鉴

水陆攻战鉴，1935年在河南汲县山彪镇1号墓出土，现藏于中国台湾。这种铜鉴是用来装水或冰的，形状像盆，大口、深腹。水陆攻战鉴为一对铜鉴，有圈足，有四兽耳衔环，器形敦厚典雅。两鉴上的纹饰以紫铜镶嵌，图案相似。纹饰分上、中、下三层。上层是单列步兵纹饰，下层是步兵相斗纹饰。上下两层的纹饰比较简单。中层是纹饰的主体，描绘了水陆攻战的情节。在水战的场景中，有两艘相对行驶的战船。在船的下方绘有鱼，表示船在水中。两艘战船都是船身修长，首尾翘起。战船上设有甲板，甲板上是正在作战的士兵。划桨手在船舱里站着划桨，划桨手身上佩戴着短剑。每船绘出4名桨手，左右舷两边相加当有8名。战船上没有风帆，完全以人力划桨为动力。

战国水陆攻战拓片

故宫博物院收藏的战国宴乐射猎攻战纹铜壶

故宫博物院收藏的这件战国宴乐射猎攻战纹铜壶，高31.6厘米，重3.4千克，失盖、有耳。这件铜壶不知何时何地出土，20世纪40年代曾经被德国人杨宁史收藏，新中国成立后收归国有。有学者分析认为这件铜壶是战国早期的器物。铜壶造型简洁大方，轮廓流畅柔和。当时的制作者是在铜壶的外壁上绘稿，用犀利的铁制工具雕凿出纹饰形状的凹槽，镶嵌上其他金属材料，最后打磨光洁。铜壶上原有的镶嵌物已经剥落了，据猜测镶嵌物的材质可能是红铜。铜壶制作可以追溯到殷商，可以做酒器，也可以盛水。《周礼》中所说的"六尊"，就包括壶尊。

故宫博物院所藏的这件铜壶，从壶口到壶底遍布了嵌错花纹。通体纹饰以带状的云纹作为分隔，自上而下一共三层。最上一层在铜壶的颈部，表现的是那个时代采桑和乡射礼的活动。第二层为宴乐和弋射。第三层位于壶体的腹部，也是铜壶的主体部分。这个部分表现的即是水陆攻战，这部分纹饰所绘的人物总数远远超过以上两层。人物的姿态更为生动，情节也更繁杂。场景的一组是在陆地上的战斗，表现了攻城和守城双方的激战。另一组为两艘战船之间的水战。两艘战船上各自插有旌旗和羽旌，战船上有甲板，士兵在甲板上作战。右边战船的尾部有一个人正在击鼓，这就是鼓噪而进，表示这是进攻的一方。船上的士兵正使用适合水战的长兵器，互相拼杀，射箭的士兵正张弓搭矢。船舱里的划桨手以很大的幅度倾身划桨。船下绘有游动的鱼鳖，水中还有潜游的士兵。纹饰的作者在有限的画面里面，精心布局，生动描绘了一场两千多年前的激烈水战。

成都百花潭出土的宴乐攻战纹壶

成都百花潭铜壶，1965年出土于成都市百花潭，现在收藏于四川省博物馆。铜壶通高40厘米，口径13.4厘米，腹径26.5厘米，

成都百花潭宴乐攻战纹壶的纹饰

足高2厘米。壶肩上有兽面衔环,有盖子。壶身上有三条凸起的带箍,把其上的纹饰分成了四层。第一层是采桑演射图。第二层包括射礼、弋射、野外宴饮、宴乐、乐舞图等。第三层为水陆攻战纹,与上面两个青铜器纹饰表现的内容相似,只是要简单一些。水战中没有绘游水的士兵和鱼鳖等。

春秋时期各国已经正式编组舰队。我国历史上最早有明确记载的水战,是公元前549年的一场楚吴水战。楚国派舰队攻打吴国,《左传昭公二十四年》记载:"楚子为舟师以略吴疆。"吴国和楚国之间多有水战,作战水域主要是长江。我国最早的海战,是吴齐黄海海战。公元前485年,吴国派大夫徐承率领舟师进攻山东半岛的齐国。吴国舰队从长江口出海后北上,奔袭齐国。齐国没有等吴国舟师到达,就在黄海海域阻击。吴齐两国舰队在黄海大战,最后吴国战败。

知识链接

石板上的战船

底格里斯河左岸的尼尼微是美索不达米亚地区一座重要的城市,也是亚述帝国的都城。8世纪晚期,亚述王辛那赫里布迁都于此。在之后的近一百年时间里,尼尼微达到了它繁盛的顶峰。在这所城市里建设了宏伟的神庙和王宫,图书馆里有着数千的泥板文书。后来尼尼微因为战争的破坏在历史的长河中消失了,只留下了名字。近代的探险家和考古学家经过漫长的探寻,才终于重新发现了这座古老的城市。从1846

尼尼微石板上的战船

年被发现,这座古城的发掘一直延续到了今天,出土了大量文物,包括浮雕石板、铭文泥板、各种艺术品。其中一块约前8世纪的尼尼微石板上面,刻画了一种有着两层甲板的战船。这艘船上面一层的甲板上,站着很多拿着武器的士兵。下面一层的甲板上坐着一排划桨的桨手。有意思的是在桨手稍下方的船舷上,又伸出了一排桨。这意味着在上排桨手的下面,在船舱中,还有一排看不见的桨手。水中各种鱼和蟹在游动,动感十足。

尼尼微遗址

陶罐上的海战

陶罐上的海战

陶罐上的海战拓片

意大利中部发现的前7世纪的古希腊陶罐上面,刻画了一次海战的场景。甲板上是拿着矛和盾战斗的士兵,甲板下面是奋力划桨的水手。古希腊海战与中国战国时期的海战相似,战船没有接近之前,双方互相射箭,战船接近以后则直接用兵器攻击对方。古希腊的桨手也在封闭的船舱里面划水,战斗的任务则由甲板上的士兵负责。甲板上的士兵平时负责操控船帆和索具,战斗一开始他们就拿起弓箭。战斗时船的动力不靠船帆,完全靠桨。因为战斗时随时要准备变换行驶的方向、速度和节奏,靠风作为动力就没有这么灵活了。

石头上的三层桨战船

雅典卫城一块石头上的三层桨战船

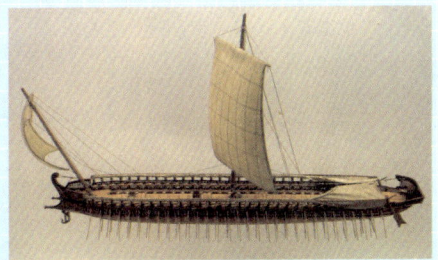

古希腊三层桨战船模型

复原三层桨战船航行在波罗斯岛水域

　　雅典卫城发掘出的一块石头上，清晰地刻着一种三层桨战船。这种战船是从亚述的两层桨战船发展而来。比两层桨战船又增加了一层桨手，进一步加强了船的动力。5世纪，希腊人与波斯人之间的萨拉米斯海战中，雅典人使用的就是这种著名的三层桨战船。战船上划桨的水手在船舱中排列为上、中、下三层，每个水手一支桨。这种战船速度快，灵活性非常高。在希腊人与波斯人的战斗中起着至关重要的作用。

　　古代中国主要是水战，海战并不多。古希腊人则长于海战。《伯罗奔尼撒战争史》里面记载，传说克里特君主米诺斯是第一位组建海军的人，他统治着基克拉底斯群岛，在大多数岛屿上派出最早的殖民者。当时住在岛屿上和沿海的人们，不管是希腊人还是非希腊人，都热衷于海上劫掠。他们在劫掠的过程中，也会扶助弱者。其实一直到荷马史诗的时代，强盗都是一个吸引人的职业，劫掠的行径也被拿来炫耀，并不引以为耻。为了解决海盗猖獗的问题，米诺斯组建了海军，在他的殖民地上驱逐海盗。海上的交往因而更加安全和便利，沿海居民的财富也增长起来。

7 秦朝航海与徐福东渡

秦代之前,春秋战国时期的航海和造船业已经有了相当的发展。沿海的吴、越、齐等国更是海上强国,"不能一日而废舟楫之国"。在船的动力方面,战国时期的桨已有四五千年的历史了,桨的制作和操纵已经非常成熟了。在殷商之前中国就出现了原始帆,最晚在春秋战国时期已经有了风帆。航海和造船技术的积累,为秦朝航海和徐福东渡打下了基础。

集权下的秦朝航海

秦朝的中国发生了一次重大的社会变革。秦始皇改变了分封建制的传统,建立了一种大一统的、中央集权的国家管理形式。秦始皇对海疆的管理同样贯彻了中央集权的思路。秦始皇统一六国之后,共出巡五次,有四次是巡海。秦始皇第一次巡海是二十八年(公元前219)。《史记》中记载,秦始皇东巡,在琅琊台刻了一个石碑。石碑上面的铭文写道:"六合之内,皇帝之土。西涉流沙,南尽北户。东有东海,北过大夏。人迹所至,无不臣服。"从西边的沙漠,到南边的岭南,到东边的东海,再到北边的大夏(太原一带),这些人迹到过的地方,都是秦皇的土地。秦始皇采取了移民和免征赋税的方式,着力扩建琅琊港。正是在琅琊港,徐福与数千人包括童男童女,第一次出海远航。秦始皇第二次巡海是二十九年(公元前218)。秦始皇来到博浪沙,遇到了未遂的行刺。秦始皇第三次巡海是三十二年(公元前215)。秦始皇在这次北巡的时候,于渤海北岸的碣石港立了一块石头,上面写道:"立石东海上句界中,以为秦东门。"与

秦始皇求仙入海

秦始皇东巡琅琊台

此同时，蒙恬领命出征北击匈奴，收复黄河以南广大土地，以河北（今内蒙古自治区磴口以下黄河段）为塞。秦始皇派出大型船队从山东港口出发，渡过渤海，为扼守要塞的军队运送粮食。这种利用河道和海道调运粮食的漕运制度，正是从秦朝发端的。睡虎地秦简《仓律》中对粮食的收藏、管理和发放等都有严格的规定。秦朝都城咸阳有咸阳仓、栎阳仓、霸上仓三个大的漕仓。秦朝还在黄河与鸿沟汇合处建立了全国性的漕运枢纽——敖仓。

徐福东渡

徐福是战国末年齐国著名的方士，他非常博学，懂得医学、天文学和航海的知识。方士也就是方术之士，方是指方技，术是指数术。方术之学是由原始的巫术与阴阳家的思想结合在一起而产生的。《史记·封神书》称："邹衍以阴阳主运显于诸侯，燕、齐海上之方士，传其术不能通。"齐、燕两国东靠大海，有很多方士，他们传播邹衍的道术。秦汉时期方术之学盛行，一时间上至达官贵人，下至平民百姓，对之笃信不移，求仙问药之风盛行。

秦始皇自从平定了六国之后，一生所有的愿望都得到了实现，唯独长寿的问题，仍然没有志在必得的把握。很多方士于是想方设法，蛊惑秦始皇寻求长生不老之道。方士徐福是其中之一。据司马迁在

《史记·秦始皇本纪》中记载，秦始皇二十八年的时候，齐国人徐市（也就是徐福）上书说，海里面有三座神山，分别叫作蓬莱、方丈、瀛洲，有仙人在这三座神山上居住。徐福请求斋戒，要求用童男童女求仙。秦始皇于是让徐市带领数千童男童女，入海求仙。《史记》中的这个故事，是徐福东渡最早的记载，流传至今已经有两千多年了。有学者怀疑，这个故事仅仅是一个传说，不能作为信史。不过经过很多讨论，学者们现在一般认为这是一个可信的故事。

始皇二十八年（即公元前219），徐福从山东半岛的主要大港琅琊出发，带领了数千童男童女，出海为秦始皇寻找神山仙药。这一次出海，徐福无功而返。徐福回来后，他对秦始皇解释道，蓬莱的仙药是可以找到的，但是为海中鲛鱼所困不得而至。可能因为徐福巧舌如簧，也可能秦始皇太想得到长生不老的仙药，这位暴君竟然给了他第二次机会。

徐公祠

秦始皇求仙入海处

秦始皇求仙场景

35

其实，依据秦国的法律，方伎不灵验，是死罪。唐朝《史记正义》中说："言秦施法不得兼方者，令民之有方伎不得兼两齐，试不验，辄赐死。"卢生、侯生也是长期为秦始皇寻找仙药的方士，最后求仙不得，逃亡他乡。秦始皇一怒之下坑杀了460多方士。

始皇三十七年（公元前210），徐福第二次东渡。正是在这一年，秦始皇第四次巡海。徐福与秦始皇乘船自琅琊北上，经荣成山，到芝罘。秦始皇亲自用连弩射杀巨鱼，帮助徐福开辟求仙之路。之后，徐福与秦始皇分道，徐福从芝罘东渡而去，秦始皇则沿海西行，到平原津暴病，在沙丘平台猝亡。这一次徐福一去不归。看起来徐福第二次出海更像是预谋好的一次逃亡。《史记·淮南衡山王列传》中说徐福最后是到了"平原广泽"。这个"平原广泽"可能就是日本列岛。五代后周义楚和尚，在《义楚六帖》的日本条中说："日本国亦名倭国，在东海中。秦时徐福将五百童男、五百童女止此国，今人物一如长安……又东北千余里，有山名富士山，亦名蓬莱……徐福止此谓蓬莱，至今子孙皆曰秦氏。"

秦朝的造船业在春秋战国的基础上又有了新的发展，为徐福东渡提供了技术的基础。史学家根据史料分析，徐福所使用的海船"长33.33米以上，宽约66.67米，单桅，高33.33米，布帆，能驶顺风及侧后风，两舷设橹六到十只，另有尾橹兼舵一只，船首有大索系石碇为锚；舱面甲板上三层，下二层，下二层每层分隔成五至七舱，分别为童男童女、百工、水柜等舱室，上通甲板，两侧舷板上开有等距离间隔小窗孔；甲板上面船首部分建有'兵甲宿棚'兼值卫、水手、瞭望岗室；中间为桅帆船操作地区，船中部以后建舱室三重，下层宽敞区分隔几室为宫舱，上层为瞭望指挥所，中层为舱楼，即操驾尾橹掌握航向之所。其大号船可装官兵水手童男童女百人左右，少数船只专用于装载马匹车辆及各种物资工具。徐福的全部船队至少在五十艘以上"。

徐福在日本

虽然还没有确凿的证据证明徐福到了日本，但徐福的影响仍可在日本看到。宋朝欧阳修在《日本刀歌》中写道："传闻其国居大岛,土壤肥沃风俗好。其先徐福诈秦民,采药淹留丱童老。百工五种与之居,至今玩器皆精巧。前朝贡献屡往来,士人往往工辞藻。徐福行时书未焚,逸书百篇今尚存。令严不许传中国,举世无人识古文。"日本南朝重臣徐福来到日本的富士山,便定居下来,他带去的那些人的后代在日本被称为秦氏。日本和歌山新宫町有一块《秦徐福碑文》,上面写道:"今东海可当蓬莱者,无可舍皇国他求,则谓日本国,得其实也必矣。"1339年日本南朝公卿北畠亲房,在被北朝势力包围时所写的《神皇正统记》,是一本有关皇统论的书。在这部书中,北畠亲房将《日本刀歌》中徐福东渡日本以信史对待。更有一位现代学者铃木贞一,经过研究统计出徐福当年携带到日本的书籍共有儒家经书1 850卷,其他典籍1 800卷。

青岛琅琊台徐福东渡的雕塑

日本和歌山新宫町徐福公园

日本幕府时代绘制的徐福抵达日本时的情景图

知识链接

三 神 山

《史记·封禅书》中说："自威、宣、燕昭使人入海求蓬莱、方丈、瀛洲三神山者，其传在渤海中，去人不远。患且至则船风引而去。盖尝有至者，诸仙人及不死之药皆在焉。其物禽兽尽白，而黄金白银为宫阙。未至，望之如云；及到，三神山反居水下。"《史记》中记载的三神山分别是蓬莱、方丈和瀛洲。三神山都在渤海中，看起来离得不远，但是每每在快到的时候，就有风把船吹走，偶有到达的人。仙人和不死之药都在那里。早在春秋战国时期，就有三神山的传说。《列子·汤问》中记载："渤海之东有五山焉，一曰岱舆，二曰员峤，三曰方壶，四曰瀛洲，五曰蓬莱"。传说中的龙伯国巨人钓去了其中两座山区守护神龟，这两座山于是沉没于海中，只剩下三座山。

造船术东传日本

战国到秦时，有吴越人为了躲避战乱，渡海来到朝鲜半岛和日本。秦朝徐福东渡，携数千童男童女去日本。他们把冶炼金属、栽培谷物和纺织技术带到了朝鲜和日本。这一时期也正值日本从绳文时代进入到弥生时代，是日本从野蛮社会到文明社会过渡的转折期，中国冶金、栽培等技术的传入对此也有相当的影响。东渡日本的中国古人，同时也带去了船舶制造和航海技术。中国出土的战国时期的两个铜壶和一个铜鉴，这三件青铜器上绘有水战图。在图中可以看到，当时的船已经有了甲板、船首和翘起的船尾。日本福井县江町出土的弥生时代的铜铎，其上纹饰中的船也是首尾翘起，有多把船桨。在日本的古坟时代，王仁和刘阿知带领一些中国人，先后移居到朝鲜半岛和日本，可能亦带去了船舶技术。在日本的古代典籍中有关于秦民东渡日本的记载，如8世纪的《古事记》和《日本书纪》。

8 桨和橹的发明

在蒸汽机发明之前，船舶除了风力这种自然的动力外，人力是最重要的动力来源。在无风的时候，或在逆水行舟的时候，都需要通过人的四肢的力量来推动船舶航行。古人为此发明了通过人力驾驭船舶的推进工具。在这些工具中间，最简单的工具是篙。篙是一根长竹棍或木棍，船夫站在船上，拿着篙向后撑水底，船便在反作用力下向前航行。篙这种简单的推进工具，产生的也早，早在使用浮筏的时期，篙就已经出现了。篙要探到河床，有水深的限制，不能在水域过深的河道以及海上行驶。不过，在长距离行驶的大河船和海船上也都装有篙，以便在浅滩航行时使用。为了延长篙的使用寿命，人们后来还在篙的末端装上了铁质的篙头。除了篙这种制作和使用都很简单的推进工具外。中国古人还发明了应用更为普遍的桨和橹。

明万历年间《玉簪记》插图上的船夫正在撑篙

桨

桨又称"櫂""楫"或"札"。东汉刘熙在《释名》中对桨有专门说明:"在旁拨水曰櫂。櫂,濯也,濯于水中也,且言使舟櫂进也。又谓之札,形似札也。又谓之楫,楫,捷也,拨水使舟捷疾也。""櫂"就是"濯",又作"棹",能够推进舟船。又叫作"札",札是用来书写的木片,桨的形状与札相似,通过用桨拨水使舟急速前行。和前面发明舟船的传说一样,也有几条关于桨的发明的上古传说。《世本》曰:"共鼓、货狄作舟。"共鼓和货狄都是黄帝的大臣,他们制作了舟。在《世本》这句话的注里面有:"货狄亦作化狐,化狐见鱼尾画水而游,乃剡木作楫以行舟。" 货狄也叫化狐,他看到鱼在水里用尾巴划水,于是用木头做出了桨用来推进舟船。《拾遗记》云:轩辕"变乘桴以造舟楫"。意思是轩辕在把浮筏改成舟船的同时,制作了船桨。《易传·系辞下》则有另一种说法:黄帝、尧、舜之时,"剡木为舟,剡木为楫"。其实上古之时,是谁最先发明桨,已经无可考证,货狄、轩辕制作桨可能只是先民说故事时想象力的结果。不过传说至少为我们提供了一些说法,从中也透露出一些信息,无疑是聊胜于无的。

从出土文物看,桨的形状在六七千年前,就与今天的桨没有很大的差别。只是那个时候,没有大型的船舶,不需要很长的大桨。早期的木桨有着比较短的柄,属于短桨。这样的短桨是与当时的小船相配的。1973和1978年我国考古工作者在浙江余姚河姆渡遗址进行了两次发掘。在这个距今7000年的遗址中,考古工作者发现一支已经有些残损的木桨,剩下的残长为63厘米,宽12.2厘米,厚2.1厘米。桨柄与桨叶是用一块木料制作的,加工比较精细,有雕刻的花纹,应该还不是最原始的木桨。在距今5000年前的浙

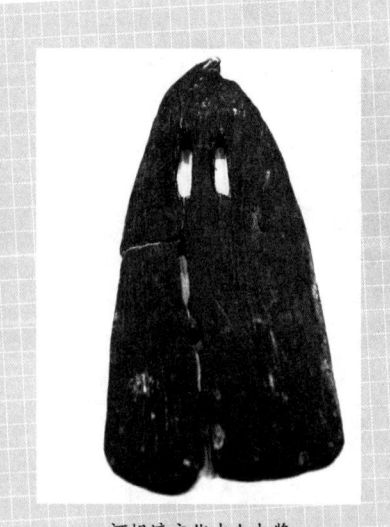

河姆渡文化出土木桨

江杭州水田畈和吴兴钱山漾遗址，都发现有多支早期的短桨。

随着造船技术的进步，船体增大，干舷增高，木桨也随之变长，出现了长桨。长桨的桨柄和桨叶部分都相应地加长了。这时就出现了新的问题，大的长桨又长又重，用双手很难操控。古人们于是在船舷上设计了桨座，把长桨架在桨座上，利用杠杆原理，划起来便省力很多。

为了让船舶在水里行进的速度加快，需要加大动力。在一条船上装多支桨，可以提供更多动力。除了小船一叶扁舟，是单人操桨，古代一般的船舶上，都会装有多支桨。战船对速度尤其有特殊的要求，因为战斗时需要快速地进攻或是躲避。在古代，桨

按1:1复制的河姆渡雕花木桨

河姆渡出土的7000年前的雕花木桨测绘图

元人王振鹏所绘《龙池竞渡图》

是使得船舶具有快航性的主要船具，是水战中必备的。《梁书·王僧辩传》中记载："又以艨艟千艘并载土，两边悉八十棹，棹手皆越人，去来趣袭，捷过风电。"梁朝时的战船"艨艟"，是一种高速的快艇，配有160支桨，运行起来快捷如风电。古代一般的快艇配备的船桨数在40到60支之间。宋乾道四年（1168）建造的一艘水军船，长27.67米，宽6.67米，配有42支桨。

古代制作桨的木材，有桧、檀、桂、木兰、沙棠等。这些品种的木材，质地细致坚实，非常适合制作船桨。在《诗经·卫风·竹竿》中有"桧楫松舟"，《楚辞·九哥·云中君》中有"桂棹兮兰枻"，王安石有诗云："缤纷云襦空棠楫。"

橹

橹手

用桨划船，每划一下，要把桨提出水面，摆回原位置，再划第二下。桨离开水面那一段，所花的时间和力气都是被消耗掉的。能否发明一种能够连续划水的船具呢？古人观察鱼在水中的游行，从鱼尾巴左一摆右一摆的划水动作中得到启发。于是，发明了一种不用提出水面，能够在水里连续摇摆的船具——橹。关于橹的发明也有一些传说，如鲁班看见鱼在水中游，就削木为橹。

橹的支点是一个球形的木支钉。球形的支钉，是一项精巧的发明。在橹的上面有一个半球形的凹槽，正好扣在球形支钉上面。球形支钉大大地提高了橹运动的自由度，使橹能自由地做多方向的运动。橹手挽橹的时候，做的是相继推挽摇转的动作，呈横8字形轨迹。

鱼尾在水中摆动产生的力量是很大的，模仿鱼尾发明的橹，划水的力量也很大。民间有"一橹三桨"的说法，也就是一支橹可以顶三支桨。唐王周在《志峡船具诗》里面说，橹和桨形状相似，但是"在船有力悉不如橹"。

装在船尾的橹叫作尾橹；装在船舷两边的橹，被称为旁橹。这两种橹哪个先出现，学者们有不同意见。我们现在能见到的最早的关于橹出现的证据，是广西西汉南越王墓提筒纹饰中的橹。1953年，在广州发现了一只西汉末、东汉初的木船模，经过考古学家的努力，这只船模被部分复原出来。这只船模腐蚀的比较严重，不过幸运的是，船上的十支桨和一支橹都完好齐全。

随着船舶的发展，橹也在发展。橹的数量在增加，有的船上甚至有36支橹。橹的形制不断加大，一人摇的橹发展到二人、六人、十几人，甚至二三十人摇的橹。而且橹不但用在内河的船上，海船上也配上了橹。北宋的徐兢在《宣和奉使高丽图经》中描述道："每舟十艣，开山入港，随潮过门，皆鸣艣而行。""艣"就是"橹"。每只船上有十支橹，出航或是驶入港口的时候，都是喊着号子摇橹而行。宋以后的海船大都是帆、橹并用的。明朝陈侃的《使琉球录》这样描写飞快行驶的海船："张帆施双橹，去势如脱箭。"

橹是中国人的独特发明。元朝阿拉伯人伊本·拔图塔在《游记》中说，中国船上的橹有的像桅杆那么大，要用十到十五个人来操作，而且一定要站着。17世纪末来华的法国传教士李明说，中国帆船的推进方式与欧洲不同，中国人把橹系在船上，连续左右横摇，运动永不中断；而欧洲人把桨提出水面所花费的时间和劳力纯属浪费。

知识链接

桨　　轮

在我国的船舶发展史上，还有一样让史学家和工程界人士更为兴奋的发明，那就是桨轮。桨轮的发明使得船舶的推进工具达到了半机械化的程度，是古代船舶人力推进技术的高峰。今天在江河和大海里航行的船，被称为轮船。其实它们是靠螺旋桨推动的，其上并没有轮子。真正的轮船是古代使用桨轮的船。在中国古代轮船又称为车船。关于车船的最早明确记载，是在《旧唐书·李皋传》中。据记载，李皋"常运心巧思为战舰，挟二轮蹈之，翔风鼓浪，疾若挂帆席，所造省易而久固"。李皋设计的这种战舰，在其两侧各装有一个桨轮，士兵用脚踩踏，带动桨轮转动，进一步推动战船。

不过更早的史书中也提到了一种"水车船"。南朝梁时大将徐世谱在与叛军侯景交战时，曾使用一种叫"水车"的战舰。《荆楚发时记》中也有：五月初五，河上之人以"水车船"举行竞赛。两汉时期，中国利用水利推动的机械设备已经有了相当的发展。在河边设置的可以舂米的水碓，可以磨面的水磨，甚至还有冶金用的鼓风机械也利用

轮船

兰州水车博览园

造纸作坊遗址

水力运作。这些利用水来推动的旋转机械，被称为水车，是桨轮发明的技术基础。在水中转动的轮叫作水车，于是早期的桨轮船也被叫作水车船，后来则被简称为"车船"。桨轮是在一个轮子上装了多个桨叶，当轮子旋转的时候，总有两到三个桨叶是在水中的。同时有两到三个桨叶在水中划水，大大增加了船的动力。古人有云，"飞轮八楫"，即一个轮子上装了八个桨叶。

宋朝是古代车船大发展的时期。宋朝的水军也装备有桨轮战舰。宋朝大将韩世忠在与金军对抗中即得力于车船。《建炎以来系年要录》中记载了王彦恢的"飞虎战舰"："舟车之法，以轻捷为上，彦恢所制飞虎战舰，旁设四轮，每轮八楫，四人旋斡，日行千里。"

14世纪欧洲出现了用人力摇动或转动桨轮，作为舟船动力的设想。15世纪欧洲有用牛力做动力，转动车轮，推动战舰的设想。

9 汉朝海上丝绸之路的开辟

在英语里面，中国被称为China，是出产瓷器的国家。而在古希腊语里中国为赛里斯（Serice），意思是产丝的地方。2世纪初希腊的一位地理学家说，一个世代经营赛里斯（丝绸）贸易的马其顿商人，曾派遣经理到赛里斯，因此掌握了赛里斯贸易路线的详情。19世纪，德国地理学家李希特霍芬，曾7次远征中国进行地质和地理考察。1877年，他提出"丝绸之路"的概念，指古代中国和中亚之间的陆上交通线路。后来"丝绸之路"的概念被扩大了，不仅包括陆路也包括"海上丝绸之路"。"海上丝绸之路"由两条航线组成，一条线是东海航线，一条是南海航线。东海航线是从中国通向朝鲜半岛和日本列岛，南海航线是从中国通向东南亚和印度洋地区。

丝绸之路

南海航线

丝织品是古罗马人追捧的奢侈品。奥维德在《爱经》里面说，中国丝绸洁白光泽，绣上五彩的图案，渐渐暗淡的玫瑰花色、海水的颜色，无论多敏锐的感官也无法准确定义这些色彩。西汉统一中国的时候，古罗马也正在崛起，这两个帝国是当时地球上最大的两个帝国。西汉和罗马之间阻隔了大月氏和安息，不能发生直接的交流。中国丝绸需要先卖给大夏和粟特两国的商人，由他们转售给安息商人，最后由安息商人再卖给罗马人。为了这转手的利益，这些中亚的势力阻止中国与罗马直接接触。汉武帝曾派张骞通西域，并做了多种努力，试图保持陆上丝绸之路的畅通。无奈这条丝绸之路，路途遥远，要经过好几个国家，又时有战乱发生，商路常被阻塞。东西双方这时都希望，另外开辟一条直接交往的通道。张骞建议汉武帝打通去印度的通道，并通过印度到达中亚。这个设想虽付诸行动，却没有成功。张骞去世后，汉武帝采纳了番阳令唐蒙的建议，开辟海上丝绸之路。海路不像陆路那样要受途经国家的牵制，可以越过那些发生战乱的国家。海上丝绸之路比陆上丝绸之路发展的时间晚，是因为在大海上航行对技术的要求更高。但是当人们掌握了一定的造船技术和航海技能以后，海洋便成了一个可通达远方，又无须沿途筑城设防、靡费巨大开支的理想选择。而且，海船运载量大，运价比陆运驼队要低很多。

张骞通西域雕塑

东汉班固的《汉书》中对海上丝绸之路的开辟有记载。"自日南障塞、徐闻、合浦船行可五月，有都元国；又船行可四月，有邑卢没国；又船行可二十余日，有谌离国；步行可十余日，有夫甘都卢国。自夫甘都卢国船行可二月余，有黄支国，民俗略与珠崖相类。其州广大，户口多，多异物，自武帝以来皆献见。有译长，属黄门，与应募者俱入海市明珠、璧琉璃、奇石异物，赉黄金杂缯而往。所至国皆廪食为耦，蛮夷贾船，转送致之。亦利交易，剽杀人。又苦逢风波溺死，不者数年来还。大珠至围二寸以下。平帝元始中,王莽辅政,欲耀威德,厚遗黄支王,令遣使献生犀牛。自黄支船行可八月,到皮宗;船行可二月,到日南、象林界云。黄支之南,有已程不国,汉之译使,自此还矣。"《汉书》中的这段文字,是海上丝绸之路最早的正史记载。从史料看,海上丝绸之路始于汉武帝,以徐闻、合浦为始发港。

海上丝绸之路

汉武帝在开拓海上丝绸之路的过程中,强大的水师仍是必要的保证。因为西汉初我国东南与南方沿海地区多为百越族割据的小国,如东瓯、闽越、南越等。这些小国多有纷争,使得东南和南方沿海航路颇不安宁。汉武帝为统一中国,巩固海疆,开拓航路,平定了这一地区。汉朝的水师已经有了相当的规模。汉时以"楼船"代称水师,如楼船将军、楼船校尉、楼船士、楼船卒。西汉时,每次出海远征,往往有数万人,甚至20万人之多,战船则有2 000余艘。汉武帝曾驰援东瓯,派遣楼船将军严助持节发会稽兵"浮海救东瓯"。

汉武帝归辖了南越。秦始皇任赵佗为南海郡龙川令。秦朝覆亡后,赵佗自立为南越王,还吞并了桂林和象郡。公元前112年,汉武帝派楼船将军杨仆攻入南越,并与伏波将军路博德水师会攻番禺。经过激战,打破南越军。汉武帝"遂以其地为南海、苍梧、郁林、合浦、交趾、九真、日南、珠崖、儋耳九郡"。这片南部疆域归西汉中央政府直接管辖后,番禺、合浦、日南等沿海地区,成为南方主要港口。汉武帝还统一了闽越。公元前135年,闽越由东越王余善和越繇王繇君丑分治,实权掌握在东越王手中。汉武帝"遣横海将军韩说出句章,浮海从东方往;楼船将军杨仆出武林,中尉王温舒出梅岭,粤侯为戈船、下濑将军出若邪、白沙,以击东越"。110年,闽越统一于中国。

西汉开辟的海上丝绸之路,"徐闻、合浦道",只能通到印度和斯里兰卡。印度洋西部直到罗马的航程,是由西域和罗马的商人来完成的。到东汉时,开辟了两条通罗马的海道。一条沿用西汉开辟的徐闻、合浦道。这条航线沿岸航行,罗马的商人或使节,沿着这条航线来到中国。《后汉书》中记载,东汉"桓帝延熹九年(166),大秦王安敦遣使自日南徼外,献象牙、犀角、玳瑁,始乃一通焉"。古时中国称罗马为大秦,大秦王安敦就是罗马皇帝安东尼·奥古斯都(Antoninus Augustus),他是著名的"帝王哲学家",有《沉思录》一书传世。这条记载说明,中国与罗马最初直接发生往来,是通过徐闻、合浦道。另一条海道是从永昌郡到掸国(缅甸)出海。永昌郡所辖地区相当于今天的云南大理及哀牢山以西地区。《后汉书·南蛮·西南夷传》记载:"永元九年,掸国王雍由调遣重译奉国珍宝,和帝赐金印紫绶。"

东海航线

中国古代与朝鲜半岛和日本列岛很早便有交通往来。西汉时,卫氏朝鲜破坏与汉朝的盟约,攻杀辽东地方官吏,还破坏半岛上其他小国与西汉的交往,使渤海与黄海北部的航行阻断。公元前109年,汉武帝出兵朝鲜,遣左将军旬彘从陆路进发,又遣楼船将军杨仆率兵五万,从水路进发。历经一年,战事结束。西汉政府取得了对朝鲜半岛的控制,并在朝鲜设置了乐浪、临屯、玄菟与真番四郡。于是,北方海区的航路畅通起来,中国与朝鲜半岛、日本列岛之间的海上交往也得到了发展。

东汉时东方航路上,中国与日本等地区,有了更密切的海上往来。《后汉书·光武帝纪》记载:"建武中元二年,倭奴国奉贡朝贺,使人自称大夫,倭国之极南界也。光武赐以印绶。"1784年,日本九州福冈县志贺岛的一位农民挖到了一方金印,印上刻有"汉倭奴国王"字样,经过鉴定,就是东汉光武帝所赐的那方金印。东汉时期,日本处于弥生时代中后期,没有什么可以和东汉交换的货物。有的时候,日本使者会带本国的奴隶前来东汉，表示敬意。东汉政府则回馈丝织品、铜铁器皿等物。

海上丝绸之路的发展与终结

476年，西罗马帝国在蛮族的入侵下灭亡。东汉王朝则于220年灭亡。在东汉覆灭到唐朝建立的这段时间里，虽然中国动荡不安，海上的贸易却没有中断。7世纪，东西方再次出现了两大帝国，一是唐朝，二是阿拉伯帝国（中国人称其为"大食"）。在这两个帝国的贸易交往的带动下，海上丝绸之路进入了全面的发展时期。商人们从广州出发的海上航线经过东南亚、南亚、阿拉伯半岛，最后抵达非洲东海岸。907年唐朝灭亡后，中国四分五裂，陆上丝绸之路阻断。海上丝绸之路是当时东西方贸易的主要通道，其重要性日益突出。宋朝建立后，继续发展海外贸易。13世纪，蒙古族横扫欧亚大陆。1271年，忽必烈建立元朝。一时间，东西方之间的陆上交通空前发达，海上往来畅通无阻。明朝郑和下西洋，最远到达非洲东海岸。然而，在这之后中国海船逐渐从印度洋退出。1840年的鸦片战争，标志着古代海上丝绸之路的终结。

郑和航海船队

郑和宝船

知识链接

古罗马的东方海上贸易

罗马帝国兴起后，因为丝绸等东方奢侈品的需求旺盛，每年贸易入超严重。罗马皇帝甚至颁布禁穿丝绸的法令。实际上购买丝绸的金银大部分并没有流入中国，而是被介于罗马和中国之间的那些国家赚去了。这些国家把本国和罗马的货物卖到中国，再将中国的货物运到本国和罗马，从中获得了高额的利润。罗马人于是极力想打通与东方直接联系的海上通道。罗马帝国在前1世纪的时候，学会了利用季风在海上航行。据说是一位叫作希巴鲁斯的罗马水手，发现可以借助季风航海。这使得他们能够摆脱沿着陆地航行的束缚，发展了从红海直达印度的外海航线的线路。据斯特拉波记载，在托勒密王朝末，"每年不到20艘船只敢于穿越阿拉伯海到（曼德）海峡以远海域"。古罗马人发现了季风航行的秘密后，大量船舶驶出红海口，活跃在印度洋。到1世纪中叶，罗马的船只甚至远航到"喀的加拉"。"喀的加拉"可能在印度支那，或者可能是在广州的某个地方。1世纪，一位住在埃及的罗马商人，名字已经不可考，写过一本印度洋海上贸易的书《厄立特里亚海航行指南》。在这本书中写道：通过克利斯国（今缅甸自古地，又名黄金国），抵达秦国（中国）后，大海便在此终止了；在秦国的内陆，有盛产丝、丝线和绸缎的城市，经陆路通过巴克特利亚（大夏），能到巴利格柴（孟买）；到秦国很不容易，从秦国来的人也很少。

汉武帝画像

汉武帝七次巡海

汉武帝第一次巡海，是在元封元年（公元前110），航行到了东莱（今山东省莱州市）。第二次巡海，是在元封二年（公元前109），汉武帝再次航行到了东莱。这两次巡海求仙都没有任何发现。第三次巡海，是在元封五年（公元前106）的冬天。这次是从长江中一路航行到海里。汉武帝甚至在江中射杀了一只蛟。第四次巡海，元封六年（公元前105）。汉武帝航行到海上，查询第一次巡海时派出的寻仙船只是否返航，但是没有返航的船只。汉武帝不死心，又派出了第二批船只东渡寻仙。第五次巡海，是在太初三年（公元前102）。这一次汉武帝继续希望能够发现寻仙返航的船只，并继续一无所获。第六次巡海，是在太始三年（公元前94），为了求仙从琅琊渡海到成山、芝罘。第七次巡海，是在征和四年（公元前89），汉武帝最后一次巡海至东莱，这次他想亲自出海求仙，大臣们极力劝阻，加上海上大风楼船无法出海，只能返回。

10 季风和洋流

古代在大海中远航的海船，靠人力划桨难以到达目的地。古人们需要利用自然的动力。

比如装上了风帆的古代船舶，凭借风这种取之不尽用之不竭的自然能量，才有了远航的可能性。除了海风以外，洋流也是重要的自然动力。

舶 䑸 风

在大海上航行要掌握风向，才能到达目的地。地球上有一种随季节而变向，往往如期而至的风，叫作季风。季风对于航海是极为重要的。季风是由海陆热力性质差异形成的。夏季，亚洲大陆温度高气流上升，被热低压所控制。同时，太平洋海面温度低气流下沉，海面附近气压高。于是风从海洋吹向大陆，形成东南季风。冬季，亚洲大陆为蒙古—西伯利亚高压所盘踞，而太平洋海面的温度高于陆地，海面气压低于陆地，风从陆地吹向海洋，形成西北季风。西北太平洋及北印度洋是世界上最显著的季风区。

季风在我国古代又被称为黄雀风、落梅风、舶䑸风等。汉朝崔实在《农家谚》中已出现了舶䑸风描述。舶是航海的大船，䑸是航行舟棹。舶䑸风意思是航海中所借之驱动船舶之恒向的风。北宋时期，诗人苏轼曾作《舶䑸风》，文中说："三旬已过黄梅雨，万里初来舶䑸风；几时萦回度山曲，一时清驶满江东；惊飘萩萩先秋叶，唤醒昏昏嗜睡翁；欲作兰台快哉赋，却嫌分别问雌雄。"苏轼在诗中说："吴中梅雨既过，飒然清风弥旬；岁岁如此，吴人谓之舶䑸风，是时海舶初回，此风自海上与舶俱至云尔。""黄梅雨"是初夏长江中下游一带的连绵阴雨。梅雨在七月上旬结束，东南季风也在这个时候到来，随着季风回来的还有远航的船舶。北宋泉州太守王十朋《提舶生日诗》云："北风航海南风回，远物来输商贾乐。"我国冬季风较夏季风更强大，推进得也快，一个月时间便能从北方到达最南方。夏季风从三月左右影响华南，再推进到江南地区，直到七月中旬影响华北和东北地区，需要几个月之久。而在南亚由于青藏高原的作用，夏季风比较强。印度夏季风在气候学上更是被称为季风爆发。

季风航海术

早在先秦时期，中国人已经知道风向和季节之间的联系，但还没有证据表明那时已经知道利用季风航行。西汉时期，中国人已经学会利用季风航行。到了东汉，已经有关于季风的文献记载。应劭在《风俗通义》中有："五月有落梅风，江淮以为信风。"《汉书·地理志》记载："自日南障塞、徐闻、合浦船行可五月，有都元国；又船行可四月，有邑卢没国；又船行可二十余日，有谌离国；步行可十余日，有夫甘都卢国。自夫甘都卢国船行可二月余，有黄支国……自黄支船行可八月，到皮宗；船行可二月，到日南、象林界云。黄支之南，有已程不国，汉之译使自此还矣。"这是中国人利用季风航行到印度等地的记录，也是中国利用季风进行远洋航行的最早的文字记载。

唐朝对季风的认识更为深入。唐人李肇说："江淮船溯流而上，待东北风，谓之信风。七八月有上信，三月有鸟信，五月有麦信。"在北方有渤海国，能够正确地利用秋冬的北向和西向季风，穿过日本海到达日本；利用夏季的南向和东南向季风再返回渤海国。在黄海和东海，唐朝的船舶会在四月到七月初，盛行西南季风的时候驶向日本。在八月底与九月初，离开日本返回中国，这个时候中国沿海吹东北风。对于南海的季风规律，唐人也掌握的比较清楚了。唐朝僧人义净便是利用季风航行到印度求法。

元朝的周去非在《岭外代答》中指出：大食（今沙特阿拉伯），

必须两年才能往返。因为路途遥远,在一次季风中船队只能走一半的路途;然后选择一个地方把船停泊下来,等待下一次同方向的季风刮起,才能继续航行。如果与季风相抗,逆风、逆流行船,不但费时耗力还有船只倾覆的危险。在古代,从中国驶往阿拉伯的船队会在爪哇或马六甲海峡一带候风,而从阿拉伯前往中国的船队会选择印度南部候风。

利用洋流航海

除了天上刮的季候风,还有一种有规律的流动对航海意义重大,那就是洋流。大洋中的海水看起来就在那儿,其实却不断地沿着固定的线路长途跋涉,形成洋流。洋流的成因与许多因素有关,比如风、地球自转产生的偏向力、大洋的位置等。太平洋北赤道暖流为古代中国人的航海带来了极大的便利。太平洋北赤道暖流遇到大陆后,有一股向北的分支,称作日本暖流,又叫黑潮。黑潮是全球第二大洋流,开始于菲律宾群岛的吕宋岛,流经中国台湾,流到日本后与太平洋暖流相接。黑潮的宽度约 185 千米,厚度平均 400 米,流向终年不变。

除了暖流,海水在风的吹拂下,形成海洋表层的海流,称为风海流。由季风而引起的洋流则称为季风流。中国沿海,东北季风期,海水被吹向南方,形成南向海流。这一海流起自黄海,经东海到达台湾海峡,然后向西南经华南沿海、海南岛东岸,一直流到越南中部海岸。当西南季风期来临的时候,海水被风吹向相反的方向,形成北向海流,沿黄海中部北上。

利用这些洋流,古人能够更顺利地完成远洋航行。郑和下西洋时,便在冬季利用印度洋冬季暖流,一路向西航行,最远抵达非洲东岸。夏季返航的时候,则利用西南季风带来的风海流回航。

航海先驱郑和

知识链接

贸易风

在赤道附近,靠近地表的大气有一种向东流动的倾向。在赤道以北吹东北风,在赤道以南吹东南风。这样恒定的风被称为信风,也被称为贸易风。15世纪葡萄牙人已经认识到贸易风对航海的重要性。贸易风在英文里面是 trade wind。"trade"来自中古英语,是道路、轨迹的意思,早先没有现代英语贸易的意思。不过随着18世纪海上贸易的发展,英国人越来越认识到贸易风对商船的重要性,"trade"便有了贸易的意思。

马 纬 度

在赤道附近,受太阳照射而上升的气流分别向南北方向流动,到了南北纬30°~50°的上空,气流变成了西风,不再向南北推进,于是大量滞留在此的空气下沉,形成副热带高压带,一个无风带。在这个无风带,想等到能够使船继续行驶的风,往往需要几个星期,甚至更长的时间。哥伦布发现美洲大陆以后,欧洲人把马匹装船运送到美洲。运载马匹的海船途经北半球无风带的时候,往往都需要漫长的等待和停留。这个时候就会有马匹大量死亡,因为马匹需要的草料和淡水量太大。船员无法吃掉如此多的马匹,只能将死去的马匹投入海中喂鱼。因此北半球的无风带被船员们称为"马纬度"。后来人们发现在南半球也有一个无风带,"马纬度"于是又被称为"回归线无风带"。

九日山祈风石刻

泉州市西北晋江北岸的九日山,是"海上丝绸之路"的起点。九日山上的摩崖石刻是重点保护的文物。在这些摩崖石刻中有"祈风石刻"十三方,四方在东峰,八方在西峰。九日山石刻中最早的"祈风石刻"是南宋淳熙元年(1174)在提举市舶司司虞仲房的带领下,在昭惠庙祈风的纪事石刻。现存最晚的祈风石刻记录的是南宋咸淳二年(1266)泉州太守兼提举市舶司赵希抃带领下的九日山祈风。

九日山俯瞰

"祈风"本是民间的传统习俗，最早可以追溯到六朝时代。北宋元祐二年，泉州设立市舶司后，"祈风"的活动逐渐发展成一种由政府主导的祀典。每年在九日山延福寺举行两次祈风典礼，成为政府的一个定制。由"祈风"活动，可以看出古人航海对风的依赖程度，"每岁自八月以后至六月以前，风信不顺，即无贩茌及海南回舶到岸"。每年农历四、五、六月刮西南季风，海外的商贩或是自己回航的船舶从苏门答腊岛顺季风驶入泉州港。但是如果季风不能顺利吹起，则既看不到海外的商船，也看不到自己的船。这是很让人沮丧的事。每年农历十、十一、十二刮东北风的时候，泉州港外蕃的船或是自己的船，则能够顺东北季风出海，远航南洋、印度和阿拉伯。正所谓"去以十一月、十二月就北风，来以五月、六月就南风"。

泉州九日山宋朝祈风石碑

尾　　闾

《庄子》里面说："天下之水，莫大于海，万川归之，不知何时止而不盈；尾闾泄之，不知何时已而不虚；春秋不变，水旱不知。"大海是天下最大的水，万川都归于大海，也不知道什么时候能充满。尾闾不停泄水，也不知道什么时候能流空。"尾闾"是古代传说中海水由此泄出的地方。《文选·嵇康》的注里面引司马彪的话说："尾闾，水之从海水出者也，一名沃燋，在东大海之中。尾者，在百川之下故称尾；闾者，聚也，水聚族之处，故称闾也。在扶桑之东，有一石方圆四万里，厚四万里，海水注者无不燋尽，故名沃燋。"这个设想中的海水泄出之地，在中国的文献也记载有具体的地点。《夷坚志》中说："台州宁海县东，涉海有岛，曰三山镇。镇屯巡检兵百人，凡两潮乃可得至。先君为主簿时，曾以公事诣其处。与巡检登山顶，纵观四面皆大洋，山之阴水尤峭急；从高而望，水汨汨成涡，而中陷不满者数十处云。此所谓尾闾泄水者也。"这个尾闾的记载是在台州海宁市的东边。还有其他地点的尾闾记载。比如，交趾洋以东的东大洋海。南宋击去非在《岭外代答》中有："海南四郡之西南，其大海曰交趾洋，中有三合流，波头愤涌，而分流为三：……其一东流，入于无际，所谓东大洋海也。……传闻东大洋海，有长沙、石塘数万里，尾闾所泄，沦入九幽，昔尝有舶舟为大西风所引，至于东大洋，尾闾之声震汹无地，俄得大东风以免。"尾闾虽然是古人设想出来的海水汇集泄出之地，并不真实存在，但反映了古人对海洋和洋流的理解。

11 古海港

海船和航海活动出现的早期，海路的商贸活动还不发达，航海技术也比较简单，海港城市也没有形成。随着汉朝之后海上丝绸之路的出现和发展，海港逐渐成形。东汉之后，商船自徐闻、合浦和番禺出海，与扶南、天竺、狮子国、大秦等地交往，形成了连接阿拉伯地区的南海航线。商船自扬州到山东半岛，再到百济最后到达难波（今大阪），形成了东海航线。不过由于航海技术条件受限，海船受季风影响仅能沿海岸分段航行，海港位置还不稳定。

隋朝航海贸易进一步发展，开通了南北大运河，为东南沿海的港口城市的发展创造了条件。唐朝建立后，经过"贞观之治"，中国的国力达到了空前的强盛，航海技术在世界上也处于领先地位。与海外国家的贸易迅速发展，海路对外交通地位进一步上升，并逐渐取代了西部陆路的"丝绸之路"。这一时期出现了若干著名的大海港，如广州、登州（今山东省蓬莱市）、莱州（今山东省莱州市）、扬州、楚州（今江苏省淮安市）、杭州、温州、明州（今宁波市）、泉州和交州（比景港，今属越南）等。

隋唐大运河博物馆

贞观之治雕塑群

广 州 港

秦始皇三十三年（公元前214），设立南海郡，郡治在番禺县，就是今天的广州市。首任地方长官是带领大军统一岭南的任嚣。早在设郡之前，广州地区便有了航海贸易活动。广州地处三江汇合点附近，濒临南海。《全唐文》中有："广州地当要会，俗号殷繁，交易之徒，素所奔凑。"广州从建城之日起，其城址从未迁移，虽屡经战火摧毁，仍保持其重要的港口地位，并不断扩建。

唐朝贾耽在贞元年间（758—805）所撰《古今郡国县道四夷述》中载有"广州通海夷道"，详细描述了由广州经海路到波斯湾的乌刺的航路。航路从广州起航，到中南半岛沿海各国和印尼群岛，然后至印度和阿拉伯各国。

唐朝的商船将海外的象牙、犀角、珍珠、宝石、珊瑚、琉璃及乳香、龙涎香等各种香料、玳瑁等物贩运回国，同时将中国的丝绸、瓷器、茶叶、铁器等特产销往亚非各国。大型商船云集广州港，船上装满百货，还有奴婢和歌舞伎，海上贸易盛况空前。《唐语林》中有："凡大船必为富商所有，奏声乐，役奴婢，以据舵楼之下。海舶，外国船也，每岁至广州安邑。狮子国船最大，梯上下数丈，皆积百货，至则本道辐辏，都邑为喧阗。"

在唐朝，来广州交易的外国商船越来越多，我国最早的管理海外贸易的官职——市舶使，就首先设立在广州。《资治通鉴》的一条注释里面说："唐置市舶使于广州，以收商舶之利。"《天下郡国利病书》也说道："唐始置市舶使，以岭南帅臣监领之。设市区，令蛮夷来贡者为市，稍收利入官。……自唐设结好使于广州，自是商人立户，迄宋不绝。诡服殊音，多流寓海滨湾泊之地，筑石联城，以长子孙。"结好使即市舶使的俗称。当时广州的外国商人中间，有些便留下来结婚生子。

广州港海外贸易繁盛，富庶繁华，又地处偏远，当地很多官员因此致富。《旧唐书·王锷传》中说，王锷"迁广州刺史、御史大夫、岭南节度使。广人与夷人杂处，地征薄，而丛求于川市。……西南大海中诸国舶至，则尽没其利，由是锷家财富于公藏。日发十余艇，重以犀象珠贝，称商货而出诸境。周以岁时，循环不绝。凡八年，京师权门，多富锷之财。""日发十余艇"，可以看出贸易的频繁；"周以岁时"，则可见航程之远。

唐朝僧人求法也多走海路。据义净《大唐西域求法高僧传》记载，唐朝中期（641—689）一共有60位西行求法的高僧，从海路到印度的人达38人。唐高宗咸亨二年，高僧义净从海路前往印度求法，即是从广州起航；武后长寿二年（693）义净回国，也是走的海路在广州登陆。

泉 州 港

泉州地区唐初叫"武荣州"，景云二年（711）改名泉州，开元六年（718）州府从丰州城迁到泉州城。泉州城是久视元年（700）建造的新城，位于晋江东南下游出海口。古代的港口城市都建在江河的入海口，这样的地方可以沟通江海运输，而且江尾海头也便于避开海上的风浪确保停泊的安全。泉州城位于泉州湾的要冲，沿着泉州湾，北面分布有南关港、法石港、后渚港、洛阳港，南面有蚶江港和石湖港。这些港口周边各自形成有市镇，而泉州城则是整个地区的核心。在唐朝，泉州城先后修筑了三道城墙，子城、衙城和罗城，以加强城防。

从唐朝初创到清末，泉州的发展经历了初创、成型、繁荣和衰弱等四个时期。唐朝末年黄巢攻陷广州，屠杀旅居广州的犹太、波斯商人达十二万之多。航海经商的外国商人于是把目光聚焦到了

鸡冠刺桐

泉州。五代十国时，泉州海上贸易兴起。南唐保大五年（947），清源军节度使留从效，割据漳州和泉州。他将唐朝泉州城扩大了七倍，扩建的同时在城中遍植刺桐树，泉州便有了"刺桐"的别称。

宋朝元祐二年（1087），继广州、扬州和明州之后，泉州也设立了市舶司。宋元时期泉州超过广州，成为第一大港，达到了繁荣期。泉州也成为西方熟知的东方大港。意大利的马可·波罗写的《马可·波罗行纪》和摩洛哥的伊本·白泰图写的《伊本·白泰图游记》里面，都提到过泉州这个东方大港。此间来泉州经商的阿拉伯人和西方人，在游记里面用的是泉州的别称"刺桐"。

登 州 港

登州港是山东半岛东端的古海港，濒临渤海，与辽东半岛隔海相望。登州港最早是一个自然港湾，由渔船避风港逐渐发展起来。"蓬莱，汉黄县，属莱州。如意元年，于县置登。神龙三年，移治所于蓬莱县。"神龙三年（707）登州治所迁到蓬莱后，正式称为"登州港"。山东出产丝织品，是全国丝麻制品的重要产地。登州港有四条主要航线，第一条是经渤海北上高丽；第二条是经渤海、高丽到日本；第三条航线是横渡黄海经济州岛到日本；第四条是沿海南下到扬州、明州各港口。据《资治通鉴》，北宋时期高丽国来中国都是从登州港入境。一直到北宋熙宁七年以前，登州港都是北方的主要出海港口。北宋后期，与辽金交兵，为了海防等原因实行海禁。熙宁七年，登州港被封闭。除了作为商港外，登州港作为"军事港口"的历史也非常之早。《史记·朝鲜传》记载，汉武帝元封二年秋，"遣楼船将军杨仆，从齐浮渤海，兵五万人"。这次用兵朝鲜即是从登州出海。隋唐时期

南宋明州港

先后十次出兵高丽，用兵运粮也是借助登州港和庙岛群岛。

明 州 港

明州就是今天的宁波，"宁波府，三代皆为越地，曰甬东。……隋曰越州"；北宋和南宋初称明州；"宋、元曰庆元；明初为明州府，寻改为宁波府。"早在唐朝明州港已经是重要的港口之一。宋元时更是与广州和泉州并称为三大海港。宁波位于东海之滨，地势平坦，航路宽畅。宋朝的人说："明之为州，实越之东郊，观舆地图，则僻在一隅，虽非都会，乃海道辐辏之地，故南则闽广，东则倭人，北则高句丽，商舶往来，物货丰衍。"明州港的兴起与新航路的开辟密切相关。唐朝宗大历十二年（777）开辟了从宁波到日本的航线，横渡东海，六七天可以到达日本，十天左右可以到达高丽。这条航路比原来从山东登州出发经朝鲜半岛再到日本的航路时间短。随着新航路的开辟，对日本和高丽的航海贸易从登州等北方港口向明州港转移。明州港发展成为中国对日本和高丽的主要航海港口。唐武宗二年（842）至昭宗天复三年（903），就有30多批次的中日航海往来。唐朝日本的遣唐使，也多次在明州登陆。宋朝航海主要分为两条航路，以广州港为主的南海航路和以明州港为主的东海航路。一时间，明州港"城外千帆海舶风""梯航纷绝徼"。南宋初，明州遭金兵洗劫破坏，之后很快便得以恢复。又是一派"风帆海舶，夷商越贾，利原懋化，纷至沓来"。明州港的贸易往来不仅有日本、高丽，还有东南亚、西亚甚至地中海和非洲诸国。南宋中后期，明州港"向日本输出的商品主要有钱币、瓷器、香料、书籍、字画、丝织品等，日本运来的货物主要有黄金、木材和硫磺等；运往高丽的货物有茶叶、瓷器、丝织品等，进口有人参、麝香、红花等"。在明州港，船只入境后先看到作为航标的天封塔，靠岸以后到市舶司申报和查验，最后去府衙盖章和领取通关文书。元朝之后，明州港为重要的军港和商港。忽必烈时期的几次越海远征与明州港多有关系。在贸易方面元朝的明州港较之南宋有进一步的发展。

宁波市的永丰库遗址拥有700年历史，是宋、元、明三朝的大型衙署仓储遗址，与海上丝绸之路关系密切。它最初为南宋的"常平仓"，用来储存官粮。在元朝的主要功能是纳藏罚没钱物和商业税款。永丰库遗址总占地面积940平方米。遗址中出土了大量瓷器，宋元时期著名窑口的瓷器几乎都有发现，如越窑青瓷、景德镇的枢府瓷、福建产的白瓷，以及磁州窑、仿钧窑等窑口的瓷器。永丰库遗址对研究宁波的历史、海上交通史和陶瓷之路都有特别重要的价值。

永丰库遗址

知识链接

市舶司

唐以前中国的外贸交易，主要是通过陆上丝绸之路。唐以前历代中央政府航海的动因主要来自于政治与外交，尤其在北海航线上。在南海航线上贸易的因素比较多一些，不过主要是地方政府和民间参与海上贸易。在唐朝之前，中国政府没有设置专管航海贸易的机构，因而也没有相应的专职官吏。航海贸易的相关事务是由州郡地方长官来兼管的。带来的一个后果是，航海贸易的实惠留给了地方，甚至被地方官吏侵吞。中央政府在航海贸易中没有得到实际利益。唐朝在广州港设立了市舶使，这是一种专门管理海上贸易的官职。唐朝的市舶使大多由皇帝心腹的宦官兼任，主要负责征税、协调舶货和贸易，也处理一些外交事务。《旧唐书》中有："（开元二年）右威卫中郎将周庆立为安南市舶使，与波斯僧广造奇巧，以备进内。"唐朝广州港是世界上重要的贸易港口，常有来往波斯湾的船只。

到了宋朝，作为官职的市舶使进一步发展成海外贸易管理机构——市舶司。市舶司主要负责征税，处置船舶藩货和管理进出口贸易。外国商船到达中国的港口以后，市舶官吏便会登上商船进行检查，对舶货征税。北宋时期，征收货物总价值十分之一左右的实物，称为"抽解"。到了元朝，又加收"舶税"。

亚历山大港

埃及的亚历山大港是地中海岸的著名古海港。亚历山大港是希腊化时期的亚历山大大帝建造的。亚历山大港开始的时候只是一个非常小的北非城市，亚历山大大帝攻占古埃及以后，希望把它建造成一个希腊人的港口城市。亚历山大大帝的将军托勒密，在大帝死后继续建造这个海港，并把这个海港变成欧洲与阿拉伯和印度进行海上贸易的繁华港口。在几个世纪的时间里，亚历山大港这个希腊人的自由城市，规模一直在扩大。

亚历山大港有著名的亚历山大灯塔，在托勒密王朝时期建造，是古代世界七大奇迹之一。灯塔建造在亚历山大港对面的法罗斯岛上，高度大约在115~140米，由小亚细亚的建筑师索斯特拉特设计。灯塔的作用是为海船提供地标。

700年，亚历山大港发生地震，灯塔受到了损坏，880年修复。

考古学家赫尔曼·蒂尔施（Hermann Thiersch）绘制的亚历山大灯塔

12 舵和梢的演变

船在水中航行到达目的地,需要两个要素,一是动力,二是方向。筏子掌握方向的方法比较简单,从古到今几乎没有变化。筏子在行驶的过程中,站在筏上的人以手撑篙,利用篙点到河床上的用力方向,便可以掌握筏子的航向。古人在舟船上是如何控制方向的呢?我们知道,今天的轮船上都配有舵和专门掌舵的舵手。船舵安装在船尾,相对于船身来说很小,但能够掌控庞大的船体的方向。当船舵向某个方向转动一个角度的时候,水流便在舵面上产生一股压力,称为舵压。舵压虽然不大,但由于船舵位于船尾,离船的重心远,能够利用杠杆原理,形成一个很大的力矩。船舶在这个力矩的作用下转向。早期独木舟等小型的舟船,不需要舵也能控制方向。随着船舶的体积越来越大,没有办法只用桨控制方向,舵才随之产生。所以舵出现的时间要远远晚于舟船和桨,且有一个漫长的演变过程。关于舵的记载也比较晚。在东汉赵壹《刺世疾邪赋》里面有:"吴异涉海之失拖,坐积薪而待燃。"这里的"拖"就是"舵"。

操 纵 桨

早期的舟上没有舵,桨在推动船行驶的同时也负责控制方向。但是随着船只的形体增加,特别是海上航行的大船,划桨的人越来越多,人多手杂很难协调一致,单靠桨来控制方向愈加困难。人们发现在船尾划桨能控制船的方向。有一位桨手便被安排到了船的尾部,他手中的桨被称为操纵桨,专司船的航向。而其他的桨手则负责推动船舶前行。长沙出土的西汉木船模,长1.54米,两侧有防护

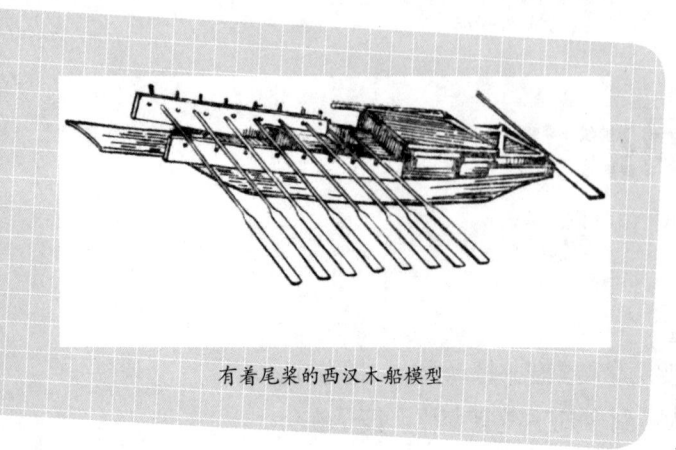

有着尾桨的西汉木船模型

舷板，左右各设桨8支，其尾部另有一支桨。这支尾部的桨就是操纵桨。操纵桨与一般的船桨在形态上已经发生了变化。原来的桨柄加长了，桨片的面积也增大了。操纵桨的位置，不在船的两侧，而是放在了船尾，而且还有固定的支撑点。操纵桨没有固定下来，而是在不断变化。为了更便于控制船的方向，人们增加了桨叶的面积，逐渐发展出了舵。在另一条路线上，操纵桨的长度被加长，变成了梢。

船　　舵

距今2000年的广州东汉冥器陶船模型，船尾已经有了一个比较原始的舵。这个舵从船尾斜伸出来，舵面呈不规则的四边形，比操纵桨的桨叶面积要大。当船舶航行时，船尾的水流在舵面上形成水压，也就是舵压。有了这个舵压的作用船舶就会改变行驶的方向。大面积的舵面可以形成更大的舵压。东汉陶船模型上的舵仍然能够看到桨的痕迹，它的舵杆与舵面不是垂直的。但是它仍然是真正的舵，因为它的形态与桨已经有了明显的区别，是专门用在船尾控制方向的装置，不是一支临时用在船尾的桨。这种原始的舵被称为拖舵。这个1955年出土的东汉陶船模型上的拖舵，证明了舵是中国的一项发明。

在拖舵的基础上，舵进一步演化，舵面和舵杆垂直，舵杆上装上横柄，操纵桨的划动变成了转动，操纵变得更加灵活了。东汉有一部专门解释各种事物的名称来源的书《释名》，其中这样解释舵："其尾曰柁。柁，拖也。在后见拖曳也。且言弼正船，使顺流不使他戾也。"汉字的"舵"与"柁""拖"同音。设船尾的叫作舵，舵也就是拖在船尾的意思。《释名》中说，舵的用途是扶正船的方向。

前文提到的东汉赵壹的《刺世疾邪赋》中关于舵的记载，显示东汉时舵已经在海船上普遍使用，并起着至关重要的作用。

在中国，舵产生于汉朝，已经得到文物和古籍的证实。不过，那种与今天的舵相似的，有着垂直舵杆的舵什么时候产生，至今还不清楚。唐开元年间画家郑虔的画中，已经出现垂直舵杆。宋朝在舵的设计、制作和操纵各个方面都已经相当成熟，并达到了很高的水平。大的船舶上往往不只有一副舵。北宋末期宁波一带的客船上有两副主舵，在不同的水域中使用不同的舵。副舵在海上航行的时候还可以配合主舵来控制航向。

东汉陶船模型

有着原始舵的东汉陶船模型

徐兢在《宣和奉使高丽图经》中有记载，船舶在近海航行的时候，使用大小两种主舵，根据水的深度更换。这样在水浅的时候可以减少舵带来的阻力。而在驶入大洋以后，则"从上插下二棹，谓之三副舵"，一主舵和两副舵同时使用，以便更好地控制海船。明朝大型船舶上的舵已经很大了。郑和下西洋宝船上的舵，舵杆长达11.7米。为了升降这么大的舵，舵楼上安装了轱辘。航行时遇到大的风浪，可以把巨大的主舵降到船底之下，水位较深的地方。那里的水不受船尾涡流的影响，既可以提高舵的使用效能，又可以减少船舶的横向漂移，起到稳定船身的作用。

随着制舵技术的进步，古人也在探索舵的原理。明朝宋应星在《天工开物》中写道："凡船性从水,若草从风,故制舵障水,使不定向流,舵板一转,一泓从之。凡舵尺寸,与船腹切齐。其长一寸,则遇浅之时,船腹已过,其梢尾舵使胶住,设风狂力劲,则寸木为难不可言。舵短一寸,则转运力怯,回头不捷。凡舵力所障水,相应及船头而止。其腹底之下,俨若一派急顺流,故船头不约而正,其机妙不可言。舵上所操柄,名曰关门棒,欲船北则南向捩转。"从这段说明可以看出,古人不仅对舵的工作原理有比较正确的认识,而且对不同情况下舵的使用情况也有了相应的总结。宋应星认为,船在水里,就像草在风中一样,它的运行是依顺着水的。所以要制作船舵来给水以障碍,影响水的流向。船舵的长短也有讲究,长了可能触底,短了则力度不够。船腹下面的水流被舵设置障碍了以后,形成急流,船头顺势改变了方向。舵上面的操作柄,被称为关门棒。到了唐宋时期船舵已经发展得比较成熟了。

梢

中国古代在一个方向上把桨叶增大为舵面。在另一个方向上则拉长桨柄,把桨变成了梢。梢用一整根木料制作而成,末端为大刀的形状。梢分为用在船尾的尾梢,以及用在船首的首梢。尾梢的长度可达船长的百分之七十。梢的结构比舵简单,出现得比舵也要早。清谢鸣篁《川船记》中说:"梢以极长大木为之,三分置船头,系以绳,余悬亘水面。用则解系以梢陷入波心。船欲左则拗之使右。欲右则拗之使左,不用仍系而悬之。船长水急,首尾恒不相统摄,故用梢以补柁之所不及。"这段介绍的是首梢,首梢用绳子系在船头,要用的时候解开绳子放到水里面。在急流中,船的首尾不协调,首梢可以补柁的不足。

在《晋书》中记载有一位叫夏统的人,有着高超的驾船技艺。夏统能够熟练地操舵、橹和梢。他能够"操柂正橹,折旋中流""奋长梢而船直逝者三焉"。"奋长梢",说明梢的驾驭是相当费力的。梢柄很长,驾驭也需要用很大力气,甚至要几个人同时操纵。唐王周在《志峡船具诗并序》中有："状直如橹，前后各一者谓之梢。船之斜正欹侧，为船之司命者，梢类柁，其状殊。而船之便于事者悉不如梢。"又有："制之居首尾，俾之辨斜正。首动尾聿随，斜取正为定。"梢一般应用在内河的船只上，在较浅且流速较快的河水中有优势。因为梢的柄很长，能产生很大的转向力矩，在急流中能迅速调转方向。

《清明上河图》中船尾奋长梢的人们

知识链接

柳孜一号唐船上的拖舵

出土最早的实物拖舵，来自安徽省淮北市柳孜隋唐大运河遗址。经过柳孜的这段运河是隋唐大运河的通济渠段。《隋书·炀帝纪》卷三载："大业元年三月辛亥，发河南诸郡男女百余万开通济渠，……自板诸引河通于淮。"通济渠为柳孜带来了商业和文化的繁荣。运河使用了五百多年，到南宋的时候因为淤塞废弃。1999年，在宿永公路的改建工程中，人们在柳孜段公路下发现了石构建筑遗存。经过抢救性发掘，一座石造码头展现在人们眼前。同时被发现的还有8艘结构不同的沉船。在被标为一号唐船的船体残骸尾部上，考古学家发现了一支拖舵。这支珍贵的木质拖舵，经过千年的腐蚀，仍保持得比较完整，是研究拖舵制作、使用以及船舶操纵技术的重要文物。拖舵比较大，长4.2米，重达60千克。船尾部有四根限位桩，直航的时候，拖舵的杆子放在第2和第3根桩子之间。这个时候，舵位在中间，舵工只要扶着舵柄，保证舵叶不翻转，船就可以直航了。航行的过程中，舵工需要根据水流的情况稍微调整舵柄。如果要大幅度改变船的航向，需要把舵杆放到第1、2或第3、4根桩子之间。为了防止船尾的拖舵，在行驶的过程中被水流带走，古人在舵尾系绳子，并连接到船舷上。这样拖舵就不会从尾孔中滑出来了。

学者们一般认为拖舵，是一种原始舵，只是舵的发展过程中间早期的一种形制。但是柳孜唐船上的拖舵的方便和有效性，让学者们的观点发生了变化。他们发现拖舵在操纵和效力方面，有其优势。

平 衡 舵

平衡舵是中国古代造船技术的一项重要发明。平衡舵将舵杆从舵叶的边缘移动到了舵叶的上面，一部分舵面积就分布在了舵柱的前面，这样一来转舵的力矩变小了,转舵时更为省力。欧洲直到18世纪才采用平衡舵,至今平衡舵仍是船舶设计中降低转舵力矩的有效措施。

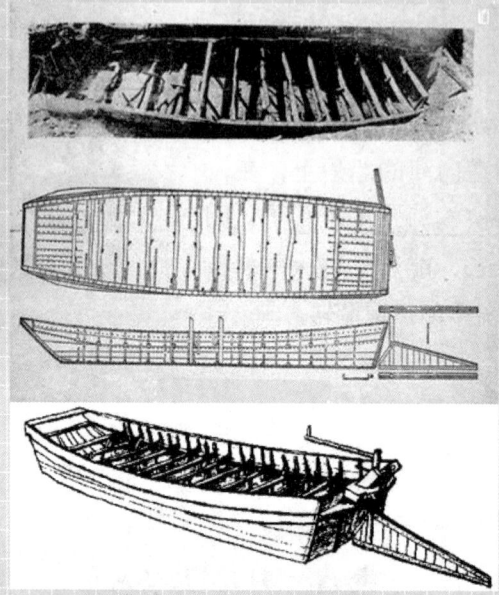

1978年天津静海出土带平衡舵宋船现场及复原图

　　1978天津静海县发现了一只宋朝木船。这艘宋船提供了第一个保存较为完好的宋朝平衡舵实物。古船出土地点在一条古河道附近。舵杆为修整过的树干,舵叶呈三角形,舵杆中心线之前的舵叶面积较小,但仍为平衡舵。《清明上河图》是北宋画家张择端的名画,生动展现了12世纪北宋汴京的集市与河道。尤其详细地描绘了河道中的各种船只。天津静海出土的宋船,使得专家们有机会将考古的实物与《清明上河图》中船只加以比较。专家发现图中描绘的船只是相当精确和写实的。图中的船只上舵杆之前也有一部分舵叶面积,与出土宋船上的平衡舵是一致的。

《清明上河图》中的平衡舵

13 天文导航

在指南针发明之前，古人一般沿着海岸线航行，根据陆地的标志物判断船的位置，即地文导航。当古人的木帆船离开港口，远离陆地，在茫茫的大海上航行。他们没有现代的定位设备，是如何知道身处何方，又该向何方行驶呢？这时，指引航向，并保证船舶能驶向正确的目的地，靠的是天空中的日月星辰。西汉时的《淮南子》中说："夫乘舟而惑者，不知东西，见斗极则寤矣。"当水手在海上失去了方向时，看看夜空中的北斗星座和北极星，就能重新找到方向。

确定方向的定向导航

中国古代的天文学比较发达。商朝人观察太阳在白天运行过程中的相对方位，能够确定时辰。一天中"旦""中日""昏"三个时辰的太阳位置对导航特别重要。"旦"是早上太阳刚刚升起的时候，"中日"是正午，而"昏"是傍晚太阳要落山的时候。古人发现每天正午日影最短的时候，太阳恰在正南方。明朝巩珍在《西洋番国志》中说："观日、月升坠，以辨东西。"在明朝航海的一部针经书《顺风相送》中，有关于日月方位的口诀。比如"定太阳出没的歌"这样说："正九出乙没庚方，二八出兔没鸡场，三七出甲从辛没，四六生寅没犬藏，五月出艮归乾上，仲冬出巽没坤，唯有十月十二月，出辰入申仔细详。"另外"定日月出入位宫昼夜长短局"中则说："正月日出在乙，入在庚，月出在甲入辛；二月日出在卯，入在酉，月出在卯，入酉；三月日出在甲，入在辛，月出在乙，入庚；四月日出在寅，入在戌，月出在辰入申，入在戌，月出在辰，入申；七月日出在甲，入在辛，月出在乙，入庚；八月日出在卯，入在酉，月出在卯，入酉；九月日出在乙，入在庚，月出在甲，入辛；十月日出在辰，入申，月出在寅，入戌；十一月日出在巽，入在坤，月出艮，入坤；十二月日出在辰，入在申，月出寅，入戌。"

古人又发现，晚上看到的北极星恒定在北方。夜晚可以用北极星来判定东西南北方位。到了春秋战国时期，我国的天文学有了很大的发展。出现了一批在天文学上有造诣的学者，"鲁有梓慎，晋有卜偃，郑有裨湛，宋有子韦，齐有甘德，楚有唐昧，赵有尹皋，魏有石申夫，皆掌著天文，各论图验"。早期的航海者就是用这些简单而实用的天文知识来指引航向的。在我国古代利用天文学知识导航，被称作过洋牵星。

东晋时期航海去印度和斯里兰卡的高僧法显，在《历游天竺记传》里面讲述5世纪初乘船回国经历的时候，说："大海弥漫无边，不识东西，惟望日、月、星宿而进。若阴雨时，为风逐去，亦无准。……至天晴已，乃知东西，还复望正而进。"在横越孟加拉湾这类海上直航跨距大的水域时，利用天体定向尤其重要。因为依靠日、月、星辰确定方向，还是当时唯一的在茫茫大海上定向的方法。《南北朝杂记》中记载："梁汝南周舍少好学，有才辩。顾谐被使高丽，以海路艰难，问于舍。舍曰：'昼则揆日而行，夜则考星而泊。海大便是安流，从风不足为远。'"

直到指南针发明，人们才终于可以在阴雨天确定方位。当然指南针出现以后，天文导航并没有被忽视，而是继续发展，与指南针配合使用，给予航行更多的保障。明朝指南针已经用于航海，跟随郑和下西洋的马欢，在《纪行诗》中这样写道："弱水南滨溜山国，去路茫茫更险艰。欲投西域遥凝目，但见波光接天绿。舟人矫首混西东，惟指星辰定南北。"可见利用天文导航在当时依然占有重要地位。

指南针

确定位置的定位导航

比在海中确定方位更困难的是确定船只的位置。航海者在一望无际的大海中如果只知道航行的方向,却不知道自己的位置,航行就可能出现巨大的偏差,迷失在圆天大海中无法到达目的地。

在海平面上用肉眼可以看见3 000多颗星星,海平面以下看不见的则还有3 000颗。航海者在不同的时间和地点,会在海平面附近看到不同的星星。而一直能看到的星星,其仰角也会随着时间和地点发生变化。在三国、两晋朝和南北朝时,人们对星辰的认识更多了,能够定量化地判别星辰的方位。孙吴至西晋时期的太史令陈卓,综合甘德、石申、巫咸三家星图,绘制了圆形盖天式星图,内收238个天官,1 436颗星星。南北朝时期,在晁崇与斛兰的主持下,铸成了中国历史上唯一的一台铁制浑仪。浑仪是测量天体位置的天文仪器。到了唐朝,古人在航海中主要掌握的还是天文定向导航。不过,唐朝的僧一行已经使用一种简便的仪器"复矩"来测量北极星离开地平的高度,"以复矩斜视,北极出地"。

浑仪模型

宋朝横渡印度洋航路已经开辟,当时的海员应当已经掌握了某种在海洋上通过观测天体高度,推断船舶位置的天文定位导航术。北宋朱彧在《萍洲可谈》中记有:"舟师识地理,夜则观星,昼则观日。"学者认为,这里的"地理"两字,与前朝法显等人在提到天体观测时所说的"东西"是不同的。"东西",仅是一个方向概念,而"地理",则是一个不仅有方向,而且还有位置的综合概念。所谓"舟师识地理",即指航海者辨认船舶到了什么地理位置。到了元朝,就有了通过测量天体高度来判断船舶位置变化的明确记载。意大利人马可·波罗曾乘坐中国海船远航。马可·波罗在航行记录中提及"小爪哇岛""此岛偏南方,北极星不复可见";"苏门答腊""在此亦不见北极星";"马里八儿""在此国中,看见北极星更为清晰,可在水平面二古密上见之"。可见当时的中国船,已经能够通过定量测量天体高度来判断船舶的位置变化。

过洋牵星

明朝郑和下西洋,使用了以"星斗高低,量度远近"的过洋牵星术。在过洋牵星术中,要用到一种测量天体高度的仪器——牵星板。明人李诩在《戒庵老人漫笔》中,详细描述了牵星板的使用:"苏州马怀德牵星板一副,十二片,乌木为之,自小渐大,大者长七寸余。标为一指,二指,以至十二指,俱有细刻,若分寸然。""又有象牙一块,长二寸,四角皆缺,上有半指、半角、一角、三角等字,颠倒相向,盖周髀算尺也。"一副牵星板由十二块乌木板组成,从小到大,最小的边长约2厘米,每块大约递增2厘米,最大的边长24厘米。牵星板的单位是叫作"指",分别是一指、二指、一直到十二指,一指相当于现代1度半的角度。另外,还有象牙制成的小方块,长约6厘米,四角刻有缺口。缺口四边的长度分别是,半角、一角、二角、三角,其中一角是四分之一指。使用牵星板的时候,一臂伸直,手拿牵星板一端的中间,眼睛看板的上下边缘,如板的上边缘正好对准被测星体,下边缘又正好与远处的水天交线相切,则所试的这块牵星板的"指"数就是被测星体的高度。如果没有对上,则换用其他牵星板和象牙板,直到能够吻合为止。测得星体高度,就可以计算出船舶所在地的纬度。在《郑和航海图》中,被用来作为测量星体的星星比较多,而使用得最多的是北辰星(小熊座α)、华盖星(小熊座β、γ)与灯笼骨星(南十字座)。其中北辰星始终在正北方,它的出水高度相

牵星板

牵星板的使用

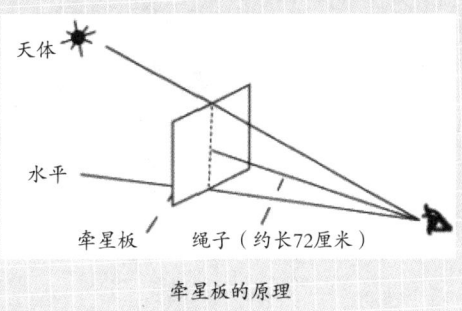
牵星板的原理

当于观测地点的纬度,观测它既可以定向,又可以确定船舶的纬度。

知识链接

西汉的"海中占星书"

西汉初期的《淮南子》中说:"夫乘舟而惑者,不知东西,见斗极则寤矣。"西汉时的海上导航占星书籍已有不少,可惜早已散佚,只在《汉书·艺文志》中留下书目,如《海中星占验》《海中五星经杂事》《海中五星顺逆》《海中二十八宿国分》《海中二十八宿臣分》《海中日月慧虹杂占》等。有学者认为,这些书籍题名中的"海中"指的是那些从事航海的人,这种航海天文手册的作者,往往是像徐福那样的"海上方士"。这些"海上方士"是中国古代航海最初阶段的数理学者和天文学者。他们将天文知识与航海知识结合起来,写作了众多的占星导航书。

《郑和航海图》中的《过洋牵星图》

《郑和航海图》收录在明人茅元仪的《武备志》里面,原名《自宝船厂开船从龙江关出水直抵外国诸番图》。《郑和航海图》中有地图40幅,以及4幅专门的《过洋牵星图》。《过洋牵星图》的方位为上北下南,每幅图的中央是一艘帆船,帆船的四周绘有牵星所要用到的星座,并且注记下方位、名称和指数。图幅前面还有图名和说明。

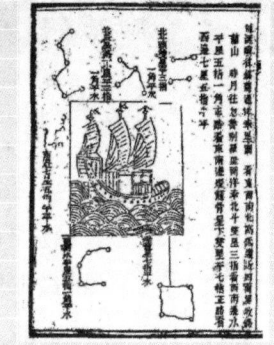
《过洋牵星图》中的一幅

《郑和航海图》

14 独特的海船结构——水密隔舱

福船

2010年"中国水密隔舱福船制造技艺"列入联合国"急需保护的非物质文化遗产名录"。我国的远洋木帆船早在宋元时期,就因为安全性,在各国商人和使节那里有很好的口碑。为什么中国的木帆船更为安全呢?秘密就是这种独特的"水密隔舱"结构。所谓水密隔舱,就是在船舱中用隔舱板分隔出一个个独立的且不透水的舱区。

1960年,在江苏扬州施桥镇出土的一艘唐朝内河木船,在出土文物中首见水密隔舱建造技术,表明水密隔舱技术最迟在唐朝晚期已经出现。水密隔舱的技术不仅用在内河船上,海船上更是普遍使用。清人蔡永蒹写的《西山杂志·王尧造舟》中说:"天宝中,王尧于勃泥运来木材为林銮造舟。舟之身长十八丈……银镶舱舷十五格,可贮货品三至四万担之多。"这条史料记载了唐天宝年间,福建泉州地区造海船的情景,其中"十五格"就是十五个隔舱。1974年,泉州湾后渚港出土的一艘宋朝远洋货船残体,已具有非常成熟的水密隔舱结构。其共分13个舱,舱与舱之间的隔板厚达10~12厘米。隔舱板与船身用扁铁和钩钉钉联,木板之间的缝隙用桐油灰腻密封,具有很好的隔水效果。

水密隔舱的原理

　　在古代没有水密隔舱的船，如果船底在航行的过程中意外撞破，水会从破洞处涌进船舱。这个时候，如果破洞小还能奋力修补，如果太大则无法抵抗海水的巨大压力，封堵失败，海水漫流全船，最后船只连同人和货物没入大海。而装有水密隔舱的船，则能大大地防止这样的悲剧发生。由于多个隔舱之间是严密分隔的，当某个隔舱出现破洞时，海水不会漫流到其他隔舱，这就保证了船只的浮力只是在破洞的那个隔舱有损失，整个船体还是有足够的浮力支撑。这时可以把破损船舱的货物搬运到其他船舱，如果破损较小及时修补。破损大的话，船也可以继续航行到就近的港口或是陆地，进行修补。水密隔舱提高了船舶的抗沉性能，为航行中的人员和货物提供更多的安全保障。水密隔舱还有一个好处。货物放在不同的隔舱里面，方便了船员对货物进行装卸和管理。另外水密舱壁又具有加固船体、增强船体横向强度和保持船舶整体抗扭刚性的作用。

　　宋元时期阿拉伯人喜欢搭乘航行在印度洋和太平洋上的中国海船，便是因为中国船有水密隔舱技术，并且客房也舒适，是既舒适又安全的交通工具。元朝时来华的马可·波罗是这样描述中国海船的水密隔舱的，他说："若干最大船舶有最大舱十三所，一厚板隔之，其用在防海险，如船身触礁或触饿鲸而海水透入之事，其事常见，……至是水由破处浸入，流入船舱。水手发现船身破处，立将浸水舱中之货物徙于邻舱，盖诸舱之壁嵌甚坚，水不能透。然后修理破处，复将徙出货物运回舱中。"最大的那些船舶，货舱壁有十三层，用厚板相隔，同时用榫眼相互结合。这样构造的目的是为了防备发生意外，触礁或者被饥饿的鲸鱼撞击，发生破损。这些意外在航行中是时有发生的。这个时候水立刻就会从破洞处涌入。船员们一旦发现漏水，就会将漏水的隔舱中的货物搬到其他隔舱中，这些舱室的隔壁很坚固，水透不过去。船工们修理好破处，再把货物返回。

水密隔舱技术对西方的影响

西方学者认为，中国人发明水密隔舱的灵感来自于竹子的横膈膜。美国科技史学者坦普尔写道："建造船舶舱壁的想法是很自然的，中国人是从观察竹竿的结构获得这个灵感的，竹竿节的横膈膜把竹竿分隔成好多节空竹筒。由于欧洲没有竹子，因此欧洲人没有这方面的灵感。"法国学者卜劳特在《竹子之比——古代船舶结构研究》中说道："使人惊异的是这些做法马可·波罗在1295年就写得很清楚，但没有人给予重视。1444年尼科罗·德·康蒂在《旅行》一书中也写到这些做法。在这部书中，他说：'这些船有好几个船舱。这样，如果其中一个船舱破裂，其他的船舱不受影响，船可以继续航行，并完成航行任务。'但欧洲的造船者和水手们非常保守，水密隔舱原理传到西方500年之后才被采用。"

古船中的水密隔舱

福建泉州出土的宋朝古船有十三个隔舱

泉州湾宋朝古船

直到18世纪末欧洲才开始效仿中国的水密隔舱技术。1787年，美国科学家政治家富兰克林在关于美国和法国之间的邮船计划的信里写道："它们的货舱照中国的方法分隔成一个个的舱区，并且把每个舱区都腻缝紧密，以免进水，似乎并没有不方便的地方。"1795年，英国海军总工程师塞缪尔·本瑟姆爵士，受英国皇家海军大臣之命，设计并建造了6艘具有新型结构的航海轮船。

塞缪尔说他所造的船："有增加强度的隔板，它们可以保护船只，免得进水而沉没，正像中国人做的一样。"

知识链接

中国的造船习俗

在福建地区，造船业的学徒一般在十来岁的年纪入行。造船业中主要分为木工、艌工和锯工。学徒拜师和出师时分别要交香资钱和出师钱。木帆船的建造方式、各种尺寸搭配和选料等，都是师傅口传心授的方法教授。有经验的师傅知道如何挑选龙骨和船身其他部位的木材。他们根据经验选择木头材质，在一堆木头里面找弯度合适、加工量最少的。他们知道如何用墨尺在木头上打线，尤其是打弯的墨线，弯在什么地方，弯度如何都有讲究。这些经验没有写在书中，也没有现成的图样，而是需要学徒跟在师傅旁边，看师傅操作中逐渐领悟。

木龙骨

在广东沿海地区，出海的船舶是当地人重要家当，造船要选择吉日。合伙造船的人需要推出艄公，艄公负责造船事务，要选择与艄公生辰八字相合的吉日，来开工和新船下海。在造船的过程中还有一些重要的仪式，如"祭龙骨""安龙头盖"。"祭龙骨"仪式非常隆重，仪式由木匠师傅主持。木匠师傅安下龙骨，然后把祭品摆放在龙骨、首尾的中间，以祭祀龙头、龙尾和风坛三个重要部位。木匠师傅一边念着吉利的话，一边在这三个部位上象征性地挥动两下斧子。"安龙头盖"也是一个重要的工序，当进行到这道工序的时候，要在龙头盖上面挂红色的彩布，表示有彩头。还要给船安装眼睛，也就是龙眼。有了龙眼以后，船就开了眼睛，能够像龙一样在水中破浪而行。龙眼的材料也有讲究，用的是银币。一方面有开眼见财之意，另一方面银币上有天子的年号，表示了天子的威严。

在舟山，渔船被称为"木龙"。"木龙"有"船灵魂"和"船眼睛"。在船快要造好，龙骨即将合拢的时候，放入一小块木头，这一小块木头里面凿小孔，嵌入了铜钱、银圆等，这就是"船灵魂"。有了灵魂的船，便是有生命的活物，在波涛中如蛟龙一般。在新船的船壳造好以后，造船师傅用木头精心制作一对"船眼睛"。这对"船眼睛"要经历"封眼"和"启眼"的程序。"封眼"便是用崭新的红布将"船眼睛"蒙住。等到新船下水的时候，会有一个庆祝的仪式，在这个时候船主会将蒙在"船眼睛"上的红布揭开，于是在鞭炮和锣鼓声中，新船首航开始。

造船图样

民间造船一般都是师傅口传心授，没有写在书面上可以学习的文本。一方面造船的经验带有私人体验性质，造船师傅不能很好地表达出来；另一方面，也牵涉饭碗和竞争的问题，师傅不愿把自己的经验和盘托出，传授给学徒。不过中国古代还是有造船图样的。最早有历史记载的图样出自宋朝，《宋史》中有"温州言，制置司降下《船样》二本，仰差官买木，于本州有管官钱内各做海船二十五只"。《宋会要辑稿》中则有"措置合用刀鱼战船,已行画样,颁下州县"。这些官方颁布的船样,主要是为了在大批量造船的时候能够保证船型统一。这些宋朝的官方船样带有机密的性质,没有保存下来。现在能够看到的最早的造船图样是明朝的。在明朝的《南船纪》《龙江船厂志》《三才图会》等书中有各种船式的图样。

海船结构图

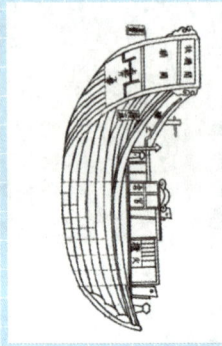
《龙江船厂志》中的造船图式

古法造船在今天的传承

随着古代造船业的发展,尤其是宋元时期,手工造船的作坊遍布沿海地区。在这些手工造船作坊里,各种样式的渔船被制造和修理。随着时代的发展,这些手工作坊逐渐被淘汰。制作渔船的木头被更容易获得的新型材料取代。沿海的手工造船作坊一直坚持到2000年左右,终于面临着彻底退出历史舞台的命运。剩下的传统木船的造船师傅中,有一些人开始摸索古法造船传承的方式。居住在海南岛上的人们世代靠海吃海,造船重要的是传统手工业。在"南国渔乡"海南临高,从事捕鱼的渔民众多,广船造船技艺世代相传。现在仍有少量坚持传统工艺的船厂,造船师傅不用图纸全凭经验和感觉,并以手工,完成一整套复杂的木船建造工序。临高生产的200吨级的木制大"广船",被开到南沙群岛捕鱼。2017年临高广船造船技艺入选海南省第五批省级非物质文化遗产名录。宁波,古时的明州港,同样因海而生。宁波的木船造船师傅找到了另外一条传承传统工艺的方法。宁波的鄞州地区是曾经的鄞县。在鄞州非物质文化遗产博物馆里有一位老师傅,经历了从一位打船师傅,到修船师傅,再到工艺船模制作师傅的角色变化。因为是船师出身,这位老师傅制作的船模讲究实用性。他做的每一条船模按比例放大以后,都可以在河里、海里稳稳当当地行驶。

15 指南针导航

在没有指南针的漫长岁月里，人们依赖晴空航行，阴雨的夜晚则很难辨别方位。日本圆仁法师的《入唐求法巡礼行记》里面，有关于在浓雾天气或阴雨的夜晚中航行的记录。圆仁曾泛海来到唐朝求佛法，他的这本行记成书于日本承和十四年（847），与《大唐西域记》《马可·波罗游记》并誉为"东方三大旅行记"。在书中圆仁法师记录："未后，摇橹向乳山去。出邵村浦，从海里行。未及半途，暗雾儵起，四方俱昏，不知何方之风，不知向何方行。抛碇停住，风浪相竞，摇动辛苦，通夜无息。"当圆仁乘坐的船出发到了海上，没有走到一半路程，便暗雾四起，一片昏黑，吹来的风不知是什么方向的，也不知要向什么方向航行，只好将船在风浪中整整停了一夜。

随着宋朝航运鼎盛期的到来，一种全天候的恒向导航仪器开始出现在航海活动中，那就是利用地磁场指示南北方向的指南针。朱彧所著的《萍洲可谈》中，有中国航海船舶使用指南针的最早文献记载。这段文献记录的是，朱彧的父亲朱服于北宋元符、崇宁年间（1098—1102）在广州的见闻："舟师识地理，夜则观星，昼则观日，阴晦观指南针。"驾舟的师傅识得地理，夜晚观察星星，白天则看太阳，来判断航路；而阴天看不到太阳和星星的时候，就用指南针。我们看到，指南针刚开始使用于航海的时候，是作为阴天看不到星星和太阳时的辅助手段。

磁石与司南

我国很早就发现了磁石吸引铁的现象。秦汉时期，磁石被称为"慈石"。《吕氏春秋》中写道:"慈石召铁,或引之也。"汉朝高诱对此注解道:"石,铁之母也。以有慈石,故能引其子。石之不慈者,亦不能引也。"磁石除了有磁性能够吸引铁,还具有极性,有两个磁性最强的极。这两个磁性最强的极,能够分别指向地球的南北极。这是因为地球也是一个大磁体,也有两个磁极。磁北极在地球的地理南极附近,磁南极在地球的地理北极附近。磁石也有南北两个磁极。两块磁石的磁极之间,遵循着异性相吸,同性相斥的原理。同样磁石和地球这个大磁体之间,也遵循着这个原理。所以磁石可以帮助我们指示南北方向。

司南复原图

史学家们一般认为,我国古文献中提到的司南,是最早利用磁石磁性指南的工具,最早发明于战国。司南是一块被磨制成了勺子状的磁石,把它放在光滑的平面上,它的勺柄能够指向南方。王充《论衡》中说:"司南之杓,投之于地,其抵指南。"司南的实物没有保存下来。现在的司南模型,是古代科技史家王振铎依据古籍的记载,考证复原出来的。不过,也有学者对此提出质疑,认为古文献中提到的司南不是磁性指南工具,而是北斗的别称。

指 南 鱼

北宋庆历四年(1044)成书的军事著作《武经总要》里面,记载了一种人工磁化的指南鱼。制作方法是这样的:"用薄铁叶剪裁,长二寸,阔五分,首尾锐如鱼形,置炭火中烧之,候通赤,以铁铃铃鱼首出火,火尾正对子位,蘸水盆中,没尾数分则止,以密器收之。用时,置水碗于无风处平放,鱼在水面,令浮,其首常向午也。"地球可以被看作是一个磁偶极。通过这两个磁极的假想直线(磁轴)与地球的自转轴大约呈11.3°的倾斜。地球的磁场向太空伸出数万千米形成地球磁圈。被烧红的鱼形铁片，因为温度高于居里点，铁片中原来无序状态的磁畴便瓦解而成为顺磁体，蘸水淬火后，磁畴又形成。同时，因为铁片内部的磁畴受到地磁场的影响重新排列，于是铁片有了磁性，变成了指南鱼。指南鱼的使用方法是这样的：将一碗水放在无风之处，让指南鱼漂浮在水面上，鱼在水中可以自由旋转，鱼头将会指向南方，鱼尾会指向北方。《武经总要》中说，行军的时候，如果遇到阴天黑夜，无法辨明方向，可以用指南鱼来指向。不过，利用地磁场磁化的指南鱼，其磁性比较弱。航海中使用的是磁性更强的指南针，而不是指南鱼。

制作指南鱼

指南鱼

水 针 罗 盘

航海中所用的指南针是用别的方法来磁化的。北宋大博学家沈括的《梦溪笔谈》里面介绍了一种钢针磁化法："方家以磁石磨针锋，则能指南，然常微偏东，不全南也。"用磁石摩擦钢针，利用天然磁石的磁场，使钢针内部磁畴的磁矩方向变得一致。钢针因此获得磁性，变成能够指南的磁针。因为磁偏角的存在，磁针所指的方向不是正南，而是稍微偏东。被磁化好的钢针是如何指南的呢？《梦溪笔谈》中接着写道："水浮多荡摇，指爪及碗唇上皆可为之，运转尤速，但坚滑易坠，不若缕悬为善。其法取新纩中独茧缕，以芥子许蜡缀于针腰，无风处悬之，则针常指南。"这里介绍了四

瓷碟水浮针

种指南装置。其中，水浮法是"以针横惯灯心，浮水上，亦指南，然常偏丙位"。由于不论船舶在海中如何摇摆，而容器中的水面总有维持水平的倾向，在船舶航行中水浮针的指向效果是不错的。

指南针一开始只是隐晦天气时才使用的辅助导航仪器。然而，指南针因其独特的优越性，很快便成为航海中不可或缺的主要导航仪器。南宋人赵汝适说："舟船来往，惟以指南针为则，昼夜守视惟谨，毫厘之差，生死系矣。"这反映出南宋时期，舟船在航行中对指南针的依赖。

南宋时期，指南浮针已经被改进为更便于使用的水浮式磁罗盘。吴自牧也说："风雨冥晦时，惟凭针盘而行，乃火长掌之，毫厘不敢差误，盖一船人命所系也。"火长是船舶上的导航员，他掌管着针盘，也就是水浮式磁罗盘。"针盘"由水浮针与圆形方位盘结合而成。方位盘上，依十二地支（即子、丑、寅、卯、辰、巳、午、未、申、酉、戌、亥）将整个圆周分为十二等份；在十二地支之间再等而分之，填以天干八字（甲、乙、丙、丁、庚、辛、壬、癸）与八卦四字（乾、艮、巽、坤），构成每字相差15°的二十四方位罗盘图。在使用时先以子、午定北、南，再观航向与其方位字的关系，如正好吻合，则为"丹针"，称"某针"或"丹某针"；如航向在某两方位字之间，则为"缝针"，称"某某针"。

宋朝水罗盘

针 位 航 路

随着针盘在航海中的运用，指南针在罗盘上所指的位置受到了人们的关注，经验逐渐积累起来。元朝人周达观在《真腊风土记》中记载道："自温州开洋，行丁未针……到占城。"《海道经》里说："北洋绿水，好风一日一夜，依针正北（子针）望，便是显神山。"到了元朝之后，海员们已经积累了从一地航行到另一地的转向针位点技术，这些针位点的集合，叫作针路，也就是针位航路。14世纪元朝官方的文书中写道，海上航行"惟凭针路定向行船，仰观天象以卜明晦"。可见，罗盘针位已成为当时主要的一种航路指南手段。罗盘针位是元朝地文航海技术的重大进步之一。

在我国古代帆船航海时期，火长掌握航向主要依据是航海罗盘，并辅助以"牵星"，船舶定位则依据针经。针经是记录针位的手册，又称针薄、针谱、更路薄、水路薄、水镜等。郑和第七次下西洋时船队的火长是这样在航行中引领船队的："惟观日月升坠，以辨东西。星斗高低，度量远近。皆斫木为盘，书刻干支之字，浮针于水，指向行舟。经年累旬，昼夜不止。海中之山屿形状非一，但见于前，或在左右，视为准则，转向而往。要在更数起止，记算无差，必达其所。始则预行福建、广、浙，选取驾船民梢中有经贯下海者，称为火长，用作船师。乃以针经、图式付与领执，专一料理，事大责重，岂容怠忽。"明朝的海道针经《顺风相送》中对"针本"是这样说的："行路难者，有径可寻，有人可问。若行船难者，则海水接连于天，虽有山屿，莫能识认。其正路全凭周公之法，罗经、针薄为准。倘遇风波，或逢礁浅，其可忌之，皆在地罗经中取之。其主掌人观看针路，船行高低，风汛急缓，流水顺急，机变增减。或更数、针位，或山屿远近，水色浅深，的实无差。又以牵星为准，保得宝舟安稳。"

知识链接

西方古人的磁石知识

西方的古人也很早就发现了磁石能够吸引铁。古希腊悲剧大师欧里庇得斯（Euripides，约公元前483—前406）的戏剧残篇里有一句话："他像磁石一样，将意见引向自己，然后再改变它。"这是现今所知的西方磁石引铁现象的最早文字记载。可以推断，西方古人应该在欧里庇得斯写下这句话之前，已经知道磁石可以引铁了。古希腊的哲学家泰勒斯说，磁石和琥珀有灵魂，因

磁铁矿石

为它们都能够吸引。古罗马哲学家卢克莱修在《物性论》中是这样解释磁石吸引铁环的。他说，很多原子会从磁石中流出，冲击磁石与铁之间的空气。当磁石与铁之间的空气消失以后，两者之间就形成了虚空。铁的原子于是力图从铁中冲向虚空，整个指环也跟随着向上运动。因为没有物质像冰冷坚硬的铁那样紧密结实，所以当我告诉你大量的原子无法从铁中冲向虚空，而不是将整个指环带着一起运动，你应该不会觉得难以理解。就这样，指环一直运动，直到与磁石触到一起。

西方人何时使用指南针

欧洲关于指南针最早的文字记载，来自于英国奥古斯丁教团僧侣尼卡姆（Alexander Neckham,1157—1217）12世纪末的两部著作。尼卡姆在书中说道："在阴沉的日子或阴暗的夜晚，当瞧不见天上的星星时，航海者就使铁针或钢针磁化，再把它穿在麦秆上，浮在水面。我们用这个方法，就可以知道哪边是北方。"西方有关指南针的记载晚于朱彧的《萍洲可谈》。一般认为指南针是从中国，经由阿拉伯人传到欧洲人手中。也有西方学者认为欧洲人使用的指南针是北欧人发明的。

16 航海游历家汪大渊

在元朝,意大利旅行家、商人马可·波罗通过陆路来到中国。他在《马可·波罗游记》中,描述了很多在中国这个富饶的东方国度的奇妙见闻。比马可·波罗稍晚,元朝也出了一位大旅行家和航海家,汪大渊。汪大渊,字焕章,元朝隆兴路(今江西省南昌市)人。他曾出海游历东南亚、南亚、西亚和非洲许多国家和地区,并根据亲身见闻,写成《岛夷志略》一书。作为一名普通的商人,汪大渊身世多不可考。他的出生年份,一说是1311年,一说是1309年,而他离世的年份更是不可考。元朝的泉州是"梯航万国"的贸易港口,海外贸易相当繁盛,一时间与埃及亚历山大港并称于世。汪大渊年轻时远游到泉州,对各国商旅货物云集的景象叹为观止。他看到各种肤色的人,操着各种语言,摩肩接踵;市面上,中西奇货,琳琅满目;水手们描述的异域风情,更是唤起了他的好奇心。

汪大渊像

两次出洋

元文宗至顺元年(1330),汪大渊首次远航西洋。汪大渊由泉州港附舶出海,向西南,至越南的昆仑岛,再向西经过泰国和马来半岛,航行远至阿拉伯和非洲地区。元统三年(1335),汪大渊返回泉州,结束了第一次远航。至元三年(1337),汪大渊第二次出洋,仍从泉州港启航,这次主要出航地点是南海诸国。沿越南南下,历经柬埔寨、泰国、苏门答腊、爪哇岛、文莱等地。至元五年(1339),汪大渊回到泉州,前后历时三年。

《岛夷志略》

汪大渊在第二次远航之后,把自己的旅行记录整理成《岛夷志略》。元顺帝至正九年(1349),主修泉州方志《清源续志》的吴鉴,将《岛夷志略》作为方志的附录,并为其作序。至正十年,汪大渊在江西刊刻《岛夷志略》,元朝翰林修撰张翥为其作序。

《岛夷志略》是元朝记录海外地理最详细的著作,并且汪大渊说他只记载自己亲眼所见的风物,那些传说不可考的事情则不写进书里。他说《岛夷志略》所记:"山川、风俗、风景、物产之诡异,与夫可怪、可愕、可鄙、可笑之事,皆身所游览,耳目所亲见。传说之事则不载焉。"张翥在给《岛夷志略》写的序里面说:"汪君焕章当冠年尝两附舶东、西洋,所过辄采录其山川、风土、物产之诡异,居室、饮食、衣服之好尚,与夫贸易赍用之所宜。非亲见不书,则信乎其可征也。"张翥说汪大渊年轻的时候两次远航东洋和西洋,每到一地都会记录其地的风土人情和贸易用货,都是亲身经历的、可信的。

不过汪大渊在前后8年的航海生涯中,是否到过书中记录的"东起澎湖至文老古,西至阿拉伯与东非海岸"的220多个国家和地区,也受到了学者的质疑。因为古时海上航行依赖季风,无风之时更会困于茫茫大海之上进退不得。以当时的技术条件,在短短8年时间,遍历《岛夷志略》所提地区很难实现。学者怀疑,《岛夷志略》中的一些记载来自其他的航海书籍,比如南宋泉州方志《清源志》中所附的《岛夷志》。不过南宋的《岛夷志》早已失传,其中的记载现在不得而知,也就无从将两本书的内容详加比对,只能存疑。不过同样作为泉州的地方志中所附的记录,《岛夷志略》在形式上应该是模仿南宋《岛夷志》所作。现存《岛夷志略》大约两万字,共一百条,最后一条"异闻类聚"摘抄前人所记,其余99条每一条都是围绕一个国家或地区,为我们保存了珍贵的历史资料,是关于元朝中外海上交通非常有价值的地理著作。

危险丛生的远洋航行

古代商人和旅行家的远航危难重重,今天的人们很难想象。汪大渊在"龙牙门"(今新加坡一带)条中记载:"回船之际,至吉利门,舶人须驾箭棚、张布幕、利器械以防之。贼舟二三百只必然来,迎敌数日,若侥幸顺风,或不遇之,否则人为所戮,货为所有,则人死系乎顷刻之间也。"船走到吉利门这个地方,船上的人就必须全副武装起来,以应对贼船。有的时候打了几天,能侥幸逃脱,有的时候则人财两空。苏门答腊岛北部马六甲海峡沿岸有一个被称为"急水湾"的地方,水流纵横奔腾。往往能将船只困于此处,无法前进,延误时日。海上的潮汐变幻莫测,船只在水中回旋,无人能够辨别方向走出回旋。在"北溜"(古代的港口,在今天的马尔代夫)条中,汪大渊说:"地势居下,千屿万岛,舶往西洋,过僧加剌傍,潮流迅急,更值风逆,辄漂此国。候次年夏东南风,舶仍出溜。水中有石槎牙,利如锋刃,盖已不舟矣。"船在海中航行的时候,潮流和风向会有出其不意的变换,船只会被带到其他地方。汪大渊的船只被海流带到了马尔代夫的一个叫北溜的海港。印度洋上的马尔代夫群岛,海流六个月向东,六个月向西,只好等次年夏天才能驶出北溜港。而且此处的海水中还有锋利的暗礁,船碰上以后非常危险。

在远航的途中,还会遭遇可怕的传染病。在"古里地闷"(今帝汶岛)条中,汪大渊说曾经有泉州的吴宅,发船载了一百多位艄公,

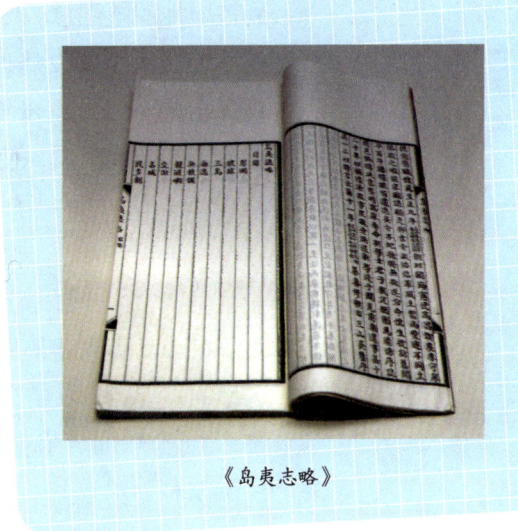

《岛夷志略》

到古里地闷做生意。很多艄公在古里地闷染疾，即使没有在当地发病，返航的路上也会发病，结果是十个人里面就有八九个人病死。艄公仅存十之一二，驾舟随风回到泉州。风平浪息的黄昏之时，仿佛便有死去的幽魂出没，使人感到胆寒。

异 域 见 闻

在《岛夷志略》里，汪大渊记录了亚洲和非洲很多地区的见闻，各地的地理、民风、特产在汪大渊的笔下一一展现出来。在古海港"八都马"（今缅甸萨尔温江口莫塔马）条中，汪大渊说那里的气候温暖，民风淳朴。男女都有发髻，缠着青色的布幔。有犯奸盗的，枭之以表示告诫，有遵守当地法律的，则赏之以表示规劝。八都马出产象牙，重的有一百余斤，轻的也有七八十斤。也出产胡椒，但是没有阇婆（今印度尼西亚的爪哇岛，古时是海上丝绸之路上的重要国家）出产的胡椒品质好。《岛夷志略》里的"麻那里"曾被认为是澳大利亚北部达尔文港以东一带，后来被考证是非洲的一个地方，有学者认为是肯尼亚的马林迪，也有人认为是坦桑尼亚的松戈·姆纳拉岛。汪大渊说麻那里的土薄田瘠，气候多变。那里的男女辫发，手臂上穿戴着金钿。出产骆驼，有九尺之高，当地土人用骆驼负重。还有仙鹤，听到有人拍手，便伸展羽翼翩翩起舞。

汪大渊在描述风土民俗和物产之后，还详细记录当地人乐于成交的商品。比如在八都马，中国商人带来此地的贸易之货，主要是南北丝、花银、赤金、铜、铁鼎、丝布、草金缎、丹山缎、山红娟和白矾等。

知识链接
《大德南海志》和《真腊风土记》

元朝海外地理著作还有陈大震的《大德南海志》和周达观的《真腊风土记》。《大德南海志》是元朝的陈大震和吕桂孙撰写的，因为成书于元朝成宗大德八年（1304），所以叫《大德南海志》，是目前可见的广州（含当时所领七县）旧志的最早刻本。《大德南海志》原来一共有20卷,现在仅存卷六到卷十,共5卷。在这仅存的5卷中,记录了元朝广州的赋税、物产、海上贸易等,第七卷附有"诸藩国"的名称。

《真腊风土记》是元朝的温州人周达观撰写的,记录了南海小国真腊(今柬埔寨地区)的风土历史。真腊在唐史和宋史里面都有记载,但因为不常朝贡,所以风土方物方面的情况疏漏不备。元成宗年间,派遣使节招谕真腊,周达观是随行人员。周达观在真腊逗留了三年,对真腊的情况已经相当熟悉,于是把所见所闻写成了《真腊风土记》。

这两本著作的价值都不及《岛夷志略》。《大德南海志》中收录了很多地名,但只是罗列,没有具体的描述。《真腊风土记》虽记载得相当翔实,但仅有真腊一国。

元朝的海外贸易

宋元时期商业进入空前的繁荣期,元朝的海外贸易尤其发展到相当的高度。宋朝海外贸易口岸共有九处,都设有市舶司。明州多有日本和朝鲜商船,"南则闽广,东则倭人,北则高句丽,商舶往来,物货丰衍。"宋朝开辟的航路,经南海、越印度洋、入红海,直到地中海沿岸,贸易的货物品种繁多,金、银、丝绸、陶器卖至海外,进口各种药材、香料、珠宝等。元朝沿袭了宋朝的海外贸易政策,在对外港口设立市舶司,并从市舶获得巨额收入。元朝经营海外贸易的商人,称为舶商,并为之专立户籍,称为舶户。

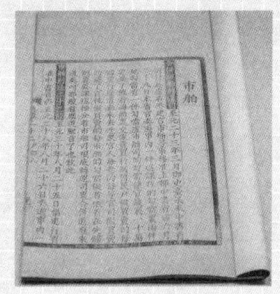

《市舶则法》

伊本·白图泰游历中国

伊本·白图泰(1304—1377)是摩洛哥人,与汪大渊同时代。汪大渊远航到过摩洛哥,伊本·白图泰乘船来过中国。伊本·白图泰1325年开始旅行,作为穆斯林,他最初的目的地只是麦加。随后伊本·白图泰旅行所至的地区越来越多,至元六年渡海来到我国的泉州,之后在中国做了漫长的旅行,到过广州、鄱阳、杭州甚至北方的元大都。伊本·白图泰写有《伊本·白图泰游记》,在这个游记里面他也记录了在中国的旅行见闻。他说:"对商旅说来,中国地区是最安全最美好的地区。一个单身旅客,虽携带大量财物,行程九个月也尽可放心。因他们的安排是每一投宿处都设有旅店,有官吏率一批骑步兵驻扎。傍晚或天黑后,官吏率录事来旅馆,登记旅客姓名,加盖印章后店门关闭,翌日天明后官吏率录事来旅店,逐一点名查对,并收集详细报告,派人送往下站,当由下站官吏开具单据证明全体人员到达。如不照此办理,则应对旅客的安全负责。中国各旅站皆如此办理。"伊本·白图泰渡海到达的第一座中国城市是刺桐城,也就是当时世界闻名的海港泉州。他说,泉州是一个巨大的城市,此地织造的锦缎和绸缎,也以刺桐命名,该城的港口是世界大港之一,甚至是最大的港口,这个港口是一个伸入陆地的巨

旅行家伊本·白图泰

港湾，与大江会合。伊本·白图泰看到泉州港内停着大量船舶，"大艟克约百艘，小船多得无数"。对于泉州城的建筑伊本·白图泰也有记录："该城花园很多，房舍位于花园中央，这很像我国希哲洛玛塞城的情况一样。穆斯林单住一城。"伊本·白图泰还是伊斯兰世界最早提到中国长城的人，不过他自己并没有亲眼看到长城。

17 航海计时

时间对于航海来说非常重要。在现代航海中，需要准确的时间来确定海船的位置。现代海船上用来计时的钟表叫作航海天文钟，使用的是世界时。将天文钟和航海天文历配合使用，可以确定航船在大海中的位置。古代没有高精度的航海天文历和航海天文钟，但海船上也有计时器。利用计时器，古人在海上航行的时候可以计算时间和航程。在中国古代的船舶上使用的计时器，一般为火时计，到了清朝船上也用沙漏划更。

天文图

火 计 时 器

在摇荡的舟船上，最方便使用的计时器是火计时器，即火钟。火计时器计时，是在更香、蜡烛等可燃之物上标上刻度，在燃烧的过程中通过观察剩下的刻度来知晓时间。相同的可燃物质，燃烧的速度大体相同，火计时器正是利用这一点，以燃烧速度来计时。火计时器不受日夜、天气变化以及舟船的动荡的影响，所以舟船上多用火计时器。船上使用火计时器，除了计时，还可以兼做照明之用。此外还有一层趋吉避凶的意思，比如长明灯便有祈福平安的用意。能够用作火计时的有蜡烛、更香、香盘和长明灯等。

用蜡烛计时，就是所谓的"刻灼验更"。古人何时开始使用蜡烛作为计时工具？清朝《茶香室续钞》中说："然烛之用蜡，不知起于何时，古人之烛，或用麻，或用木蓼，或用胡麻，或用脂膏，并无所谓蜡灼……蜡烛容起于东汉以后，诗人之诗，固不必责以考据也。"在船上刻灼计时的同时，也提供了照明。

古时更香的使用很早，"烧香知夜"从六朝时就已经有了。更香又被称为香漏，通过燃烧香棒，观察剩下部分的刻度来知晓时间。清朝《台海使槎录》中写道："更也者，一日一夜，定为十更，以焚香几枝为度。"一天的时间被规定为十更，用焚香几支来判断更数。《金壶七墨》中说："大洋中以针盘定向，以更香计时。"在大海中航行的时候，确定方向用针盘，而确定时间用更香。英国科学家李约瑟，也是研究中国古代科学史的大家，他说："香棒肯定是中世纪中国航海者所使用的计时方式当中的一种或者是另外的一种，相当于西方的海员时计或玻璃沙漏。它有可能是一种有划分度数的棒，或者在夜里或隐晦天之日，用这些香棒以计算更时。"简单的香棒，后来随着制香技术的不断提高，被盘旋或压制，形成各种图案，逐渐发展成香橼和香盘。香橼和香盘有个共同的特点，即燃烧时间长，可以连续燃烧一日一夜甚至更长。17世纪的耶稣会士安文思说："华人亦有夜验更筹之法，已由此发展为该国一新奇的工业。彼等将剥离锉碎之木材捣为粉末，调为糊状，然后制成各式盘香。抑或以贵重物料如沉、檀等木制成，长约一指许，富家厅堂及读书人之书斋皆燃之。别有廉价者，长一、二腕尺或三腕尺不等，粗如鹅毛笔，燃于佛塔或神像之前。彼等处处用之，如燃烛然。盘香以特制模子制成，粗细均匀，自下盘旋而上，直径逐渐缩小，成圆锥形，间距则逐圈增大，宽一掌以至三掌以上；燃烧时间与其大小成比例，长一、二日至三日不等，寺院中且有可燃至一、二旬或三旬者。以盘香似渔网，亦似绕以圆锥体上之绳；悬其中央，燃其下端，香火即宛转燃烧。其上常附标记五，以辨五更。以此计时至为可靠，吾人从未见其有大差误。书生、行旅及一切因职业关系须按时起床者，可在盘香适当位置上悬以小重物，燃至此处时，重物即落铜盆中，铿然作响，以醒睡者。此发明可代自鸣钟；所不同者，自鸣钟机件复杂，价且至昂，除富有者外无法购置。此则简易廉价之物，一盘可用二十四小时,所费不过三文也。"可见盘香计时时间长,可以一两天,甚至一两旬,计时可靠。盘香使用也很广泛,书生、行旅都可使用。另外还可以用作闹钟,提醒时间。同时盘香价格也非常便宜。海船上使用盘香,相当方便和便宜。

与灼刻和香漏的原理相似,长明灯作为计时器根据油燃烧的量来计算时间。时间刻度标在盛油的容器内侧,灯一边燃烧,油面一边下降,通过观察油面的位置,就能计算时间了。古代的寺院里常常点长明灯,计算时间。据记载古代航海中,也有使用长明灯作为计时器。《虔台倭纂》中有,中国海船的"针舱内,燃长明灯,不分昼夜,夜五更,昼五更,故船行十二时辰为十更"。长明灯和更香等一样,和指南针一起放在独立的舱内。古时船上的指南针要放在一个专用的避风舱内,才能获得准确的方向,火计时器也同时放在指南针的旁边。只要准备的油量充足,长明灯可以长时间地计时,很适合航海中使用。

龙舟香漏

古代盘香计时器

水 计 时 器

水时计刻漏分泄水型和受水型。泄水型一般由带孔的漏壶、箭和箭舟组成。水从漏壶的孔中均匀滴出,箭舟随水面下降,通过箭舟在箭上指示出的刻度来计量时间。受水型的刻漏原理基本相同,

滴水计时器

铜刻漏

不过是通过水面的上升来计量时间。

内河航行的船行驶平稳,船上使用刻漏还比较可行。从文献记载来看,最迟在唐朝,已经在内河的船上使用水时计。唐朝诗人杜甫的《宿青草湖》中有:"洞庭犹在目,青草续为名。宿浆依农事,邮签报水程。"杜甫诗中的"邮签",即是漏签,一种依据刻漏报时辰的牌子。诗中的邮签不仅有报时之用,还可以计算航程,也就是"报水程"。有经验的船夫可以在不同情况下目测出航速,再结合计时器提供的时间,他们就能够大概算出航行的距离。宋朝孙逢吉制作了一种小型刻漏,称作"几漏"。几漏体型小巧,方便携带,"内可施之堂奥,外可带之舟车。至于夙夜在公,优游燕处,皆可置之坐隅,备知时刻之正寂"。这种小型的刻漏,可以在室内、舟、车上随时携带,很是方便,计时也准确。

但是大海颠簸起伏,海船上如何使用水时计刻漏就是个问题。古人有没有在海船上使用水时计,这是有待讨论的。根据史料记载,中国古人在海上应该使用了水时计。宋朝外交官徐兢出使朝鲜时,在船上带有水时计刻漏。徐兢在《宣和奉使高丽图经》中写道:"是日申正,舟次紫燕岛,即广州也。倚山为馆,榜曰庆源亭。亭之侧,为幕屋数间。居民草舍亦众。……申后雨止,使副与三节,登岸到馆。其饮食相见,如全州礼。夜漏下二刻归舟。""二十日庚子,……北风大作,底篷以东其势。二十一日辛丑,过沙尾。午间,第二舟三副柂折。夜漏下四刻,正柂亦折。而使舟与他舟,皆遇险不一。"其中"夜漏下二刻归舟"和"夜漏下四刻",应该正是刻漏。但在风浪如此之大的海上,一个能够实用的刻漏,具体型制如何?专家依据考古发现和文献,推测为沉碗型水时计或称漏型水时计。

航海中的"更"

"更"是古代的夜间计时单位,一天为十二时辰,其中一夜为五更,每更大约相当两个小时。"更"使用在航海中,则包括白天和黑夜,"更"的长度也变了,"夜五更,昼五更"。清朝《台海使槎录》中写道:"更也者,一日一夜,定为十更,以焚香几支为度"。明朝的《郑开阳杂著》也有:"更者,每一昼夜分为十更,以焚香支数为度。"航海中,一昼夜被分为十更,每更大约相当2.4小时,以焚香的支数来定具体是几更。在航海中为什么不直接使用十二时辰?这牵涉到另一个问题,即航海中的"更"是计时单位还是航程单位。

古人在航海上常用时间来计量航程。《岭外代答》有:"诸蕃国之入中国,一岁可以往返,惟大食必二年。"大食较其他蕃国远,需要两年的路程。《瀛涯胜览》有"福建福州长乐县五虎开舡,往西南行,好风十日可到"占城国。顺风十天可以到达,说所需的时间,也是表明路途的远近。所以有言"海洋无道里可稽,惟计以'更'——分昼夜为十更。向谓厦门至台湾,水程十一更半;自大旦门七更至澎湖,自澎湖四更半至鹿耳门。风顺则然;否则,十日行一更,未易期也"。开始的时候只是根据行船的时间,大致说几日、几月、几年能到目的地。后来"更"进入了航海中,"更"一面记录时间,一面成为航程的单位。因而有"十日行一更"的说法,这里的"更"显然指的是距离。明朝流传下来的众多海道针经中,"更"已经作为计量单位被广泛使用。清朝陈良弼说:"大凡陆地往来,有里数有程站,可以按程计日,分毫不谬。惟洋船则不然。盖大海之中,全凭风力,若风信不顺,则船势渐退,此不可以日期定也。汪洋所在,杳无山影,非同内洋,有涯岸按泊者,彼此不可以程站计也,故设为更数以定水程。"在大海上,特别是远洋,没有海岸线作为参考的时候,需要有一种方法来标记船所走的水程。

航海中一昼夜被分为十更,而不是十二辰,因为在"标准航速"下,水上"一更六十里"与陆上驿站里距一致,便于计量水程。"一更六十里"是在标准航速下测出的。在实际航行中,海船上的火长要测定航速,叫作"定更法"。古人使用的是"木片测速法"来测具体航速。如"船在大洋,风潮有顺逆,行驶有迟速,水程难辨。以木片于船首投海中,人从船首速行至尾,木片与人齐至,则更数方准。若人行至船尾而木片未至,则为不上更;或木片反先人至船尾,则为过更,皆不合更也"。"以定此风此潮。如何方为一更""必须木片与人行不差,而后所谓一更者方准。人行至船尾矣,而木片方至船腰,则香虽焚至某处,尚是半更;或流过船腰,则断其为大半更;或舟行如飞,其风或逆,亦用此法验船退程多寡,而后复进。故行几更,船至某山地界,皆可以坐而知。"

知识链接

椰子壳水时计

17世纪荷兰人华伦丁在《摩鹿加群岛纪要》中说,虽然摩鹿加群岛的印尼人没有时钟,但却懂得如何把一天分为三个相等部分,那就是,使水滴通过一个小孔进入一个椰子壳,当椰子壳充满了水,那么,也就可以测量出来时光的位置。到了特定的时间,有五个大鼓会被敲击,作为宣告一天的时间。在窝雷斯《马来群岛游记》里面,有关于这种椰子壳水时计的具体描述。其中说:爪哇商船有使用椰子壳作为水时计,"只是一只盛水半桶的木桶,再用一个刳好的椰子壳,放于水中,刚有半个浮出水面。椰子壳的面上,有一小孔,所以放于水桶浮着时,即有细丝一般的水,注入于椰子壳里面。那小孔的大小,和椰子壳的容量,有一定的配置,务使椰子壳刚在一小时末尾,猝然下沉。于是看守人即从日出时计算起,报告小时数目,一面再将空椰子壳,放入浮着。这是一种很好的时计。我用自己的表来测它,知道它在各小时之间,简直不致相差一分钟。"椰子壳做成的受水型水时计,装置简单,也不受海上风浪的影响。每个小时椰子壳沉入水中一次,用作短时间的计时器,很实用。但是长时间积累下来,这种水时计的误差就比较大了。

中国古代与南洋一带商业往来频繁。中国商人在印尼等地不难见到这种椰子壳水时计。椰子壳水时计也可能随着南洋的商船传到中国。1974年,福建泉州出土了一艘宋朝海船,船上有一颗完整的椰子壳和一些椰子壳碎片。有专家认为这便是海船上的椰子壳水时计,但也有专家认为这只是普通的椰子壳日用器具。

18 大航海时代的郑和下西洋

宋元时期的中国航海长期居于世界领先地位,积累了丰富的航海经验与技术,开辟了横渡印度洋的远洋航线。元人和宋人也把这些航行的经历写在书中,如《岭外代答》《诸蕃志》《大德南海志》《岛夷志略》,这些书中有着丰富的人文地理知识和航行指南。元人和宋人已将航海技术推进到"定量航海"阶段。他们有着一套磁罗盘导航技术,在相应的航线上一路标出指南的指向,也就是"针路"。他们对于西太平洋与北印度洋上的季风和水文情况也有清晰的认识。他们还有通过观测天体方位和高度,来基本判断船舶所在纬度的天文定位技术。这些都为郑和下西洋打下了航海技术的基础。

明朝初年,国家的经济生产发展良好,广州等沿海的港口城市十分繁荣。明朝的开国皇帝朱元璋去世之后,发生了"靖难之役",朱棣起兵攻打刚刚继位的建文帝。明成祖朱棣夺得皇位后,希望利用对外的航海活动,发展贸易,展示实力,并建立自己的声望,远航的壮举便应运而生了。

磁罗盘

伟大的航海家郑和

郑和于明洪武四年(1371)出生在云南昆阳和代村,原姓马,名和,小名三宝。郑和家是回族世家,大约是在元世祖忽必烈于 1276 年设

97

置云南行省的时候,从西域迁到云南的。郑和儿时很可能从长辈那里听到有关麦加和西洋的故事,在幼小的心灵已经埋下了渴望远航的种子。1381年秋天,朱元璋派军队进攻在云南负隅顽抗的元梁王,次年春,平定云南。郑和的父亲在战乱中去世,年仅39岁。年幼的郑和则被明军掳去。明初,边境将领有阉割被俘幼童的习惯。郑和经过阉割,被送到京都应天,后被分发在燕王朱棣的藩邸做小宦官。

经历了如此巨大的变故,郑和没有意志消沉,而是努力攻读,不仅精通儒家经典,而且熟悉兵法。成年后"身长七尺,腰大十围,……耳白过面,齿如编贝,行如虎步,声音洪亮",且机警干练,不畏艰险。1399年,29岁的郑和,以内臣"从燕王起兵靖难,出入战阵,多建奇功"。深受朱棣赏识和重用,被擢升为内官太监(俗称为三宝或三保太监),赐姓郑。随后派他出使"西洋",于是便有了"三宝太监下西洋"。

郑和下西洋

七下西洋

朱元璋说过:"自古帝王临御天下,中国属内以制夷狄,夷狄属外以奉中国。"朱元璋和朱棣在这种天朝上国思想支配下,迫使外洋各国承认明王朝天朝大国的地位,向明王朝"称臣""纳贡",力图建立以中国为轴心的国际和平局势。朱棣派遣庞大的郑和船队出使海外,"敕谕四方海外诸番王及头目人等,……祇顺天道,恪遵朕言,循礼安分,勿得违越,不可欺寡,不可凌弱,庶几共享太平之福"。郑和先后七次下西洋,历时近三十年之久。宣德六年,郑和在第七次出使西洋前夕,在福建长乐等候季风出海的时候,重修了长乐南山的天妃行宫、三峰塔寺和新建了三清宝殿之后,镌刻了一座《天妃灵应之记》碑。他在碑文中写道:"皇明混一海宇,超三代而轶汉唐,际天极地,罔不臣妾。其西域之西,迤北之北,固远矣,而程途可计。若海外诸番,实为遐壤,皆捧琛执贽,重译来朝。皇上嘉其忠诚,命和等统率官校、旗军数万人,乘巨舶百余艘,赍币往赍之,所以宣德化而柔远人也。自永乐三年奉使西洋,迄今七次,所历番国,由占城国、爪哇国、三佛齐国、暹罗国,直逾南天竺、锡兰山国、古里国、柯枝国,抵于西域忽鲁谟斯国、阿丹国、木骨都束国,大小凡三十余国,涉沧溟十万余里。"这是说,大明皇朝统一了天下以后,各国都来归顺我朝。在西域的西边,在北疆的北面,其路程还是可以计算的。但是,海外的那些藩国,就实在是太遥远了,他们的使者都是辗转来到中国朝见。我们的皇上便委派郑和等人携带了财宝礼物前去赏赐他们,以此宣扬朝廷的恩德教化并安抚远方的人民。

郑和的远航俗称下西洋,西洋是泛指现在的南海以西的海域和沿海地区,包括现在的马来群岛、中南半岛、印度洋一带,以至非洲的东海岸。我国早在汉朝就开辟了远航西洋的海上丝绸之路,但是在郑和之前的远航大多是沿着海岸线的。郑和船队的远航,是目前有确切记载的横渡印度洋的航行。明朝茅元仪汇编的《武备志》中的《郑和航海图》里写道:"官屿溜用庚酉针,一百五十更,船收木古都束。"也就是说,郑和的船队从马累起,用正西略偏南的航向穿越印度洋,航行 7 500 千米,直达非洲东海岸赤道。

郑 和 船 队

郑和下西洋船队的船员人数众多。第一次远航为 27 800 余人,第三次为 27 000 余人,第四次为 27 670 人,第七次为 27 550 人。《郑和家谱》记载的郑和船队阵容是这样的:"钦差正使太监七员,副使监丞十员,少监十员,内监五十三员,都指挥二员,指挥九十三员,千户一百四十员,百户一百零三员,舍人二员,户部郎中一员,鸿胪寺序班二员,阴阳官一员,阴阳生四名,医官、医士一百八十员，旗校、勇士、力士、军力、余丁、民梢、买办、书手共二万六千八百零三员，以上共二万七千四百一十一员。"郑和船队人员配备相当完备：有决策层（正使太监、副使监丞等），有航海技术人员（火长、舵工、班碇手等），有外交贸易人员（鸿胪寺序班、买办等），有后勤人员（户部郎中、舍人、医官等），还有军事护航人员（都指挥、千户、勇士等）。郑和船队完整的人员建制，反映了明朝中国丰富的远海经验。

郑和船队每次出海远航，都有大小船只100到200余艘。其中大型宝船40到60余艘。"云帆高张，昼夜星驰，涉彼狂澜，若履通衢。"《明成祖实录》中记载，永乐二年（1404）正月，为准备遣使下西洋，曾经让南京宝船厂造海船50艘，福建造海船5艘；永乐五年（1407），"命都指挥改造海运船二百四十九艘，备使西洋诸国"。每次出洋前，朝廷都会让南京、浙江、江西等地建造或改造海船。

郑和船队的船舶分为五类：第一类为宝船，第二类为马船，第三类为粮船，第四类为座船，第五类为战船。其中宝船是郑和船队的主体船舶，含有下西洋取宝之意。《郑和家谱·下西洋船舶条》记载："拨舡六十三号。大船长四十四丈四尺，阔一十八丈；中船长三十七丈，阔一十五丈。"也就是说，宝船有大型和中型两种。大型

郑和船队燕形编队

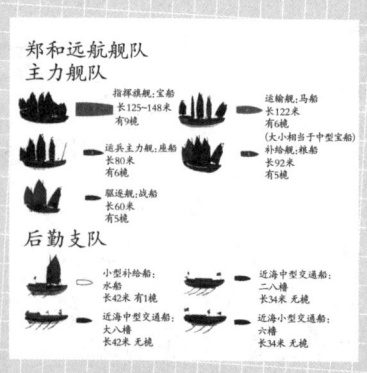

郑和远航舰队图示

宝船长 148 米，宽 60 米。明朝造船习惯用淮尺，一淮尺相当于今天 0.342 米。因此大型宝船的总长为 151.8 米，宽 61.6 米。巩珍在《西洋番国志》里面说："其所乘之宝舟，体势巍然，巨无与敌。蓬帆锚舵，非二三百人莫能举动。"

知识链接

郑和七次下西洋的路线

第一次航行：从 1405 到 1407 年。郑和和副使王景弘率领 27 800 余人，乘大船 62 艘，从苏州刘家港（今江苏省太仓市东浏河镇）出发，经福建五虎门，占城（今越南归仁一带）、爪哇、旧港（今印尼苏门答腊岛巨港）、苏门答剌（今苏门答腊岛洛克肖马韦）、南巫里（今苏门答腊岛北端以西）、锡兰（今斯里兰卡），最后到达印度西海岸的古里（今印度科泽科德），于 1407 年 9 月回到中国。

第二次航行：从 1407 年 10 月到 1409 年秋。这次自刘家港出发，经福建五虎门，经过暹罗（今泰国）、爪哇、满剌加（今马来半岛马六甲）、苏门答剌、南巫里、锡兰、加异勒（今印度土提科林以南）、柯枝（今印度柯钦）、甘巴里（今印度坎贝一带），最后到达阿拨巴丹（今印度阿默达巴德）。1409 年秋初回国。

第三次航行：从 1409 年 10 月到 1411 年 7 月。这次王景弘、费信等同行。这次航行去了占城、爪哇、满剌加、苏门答剌、锡兰山、小葛兰（今印度奎隆）、柯枝、古里等国。

第四次航行：从 1413 年 10 月到 1415 年 8 月。这次航行最远到达了波斯湾口的忽鲁谟斯国（今伊朗格什姆岛以东的霍尔木兹岛）。航行经过的地方有：占城、急兰丹(今马来西亚吉丹河入海处关丹）、彭亨（今马来西亚彭亨河入海处）、爪哇、旧港、满剌加、阿鲁（今北苏门答腊岛南端巴鲁蒙河河口处）、苏门答剌、南巫里、锡兰、加异勒、溜山（今马尔代夫群岛）、柯枝、古里、忽鲁谟斯等国。

第五次航行：从 1417 年 5 月到 1419 年 8 月。这次航行经过的地方有：占城、彭亨、爪哇、满剌加、苏门答剌、南巫里、锡兰、溜山、柯枝、古里、忽鲁谟斯、阿丹（今也门亚丁）、剌撒（亚丁附近）、木骨都束（今索马里摩加迪沙）、卜剌哇（今索马里腊瓦）、麻林地（今肯尼亚马林迪）。郑和返回时，有十六国使节同来中国。

第六次航行：从 1421 年春到 1422 年 9 月。这次出使西洋的主要目的是送忽鲁谟斯等十六国使臣还国。这次航行还派杨敏率领的支队前往榜葛剌（今孟加拉国）访问。

第七次航行：从 1431 年 1 月到 1433 年 7 月。这次航行留下的文字记载比较多。船队从南京龙湾出发，经刘家港，至长乐港，到达占城。由占城派出支队前往暹罗、爪哇。主船队则经南沙群岛到爪哇与支队汇合，然后到旧港、满剌加、阿兽、苏门答剌、南巫里、翠兰屿。再西行，到达锡兰山的别罗里（今斯里兰卡南岸加勒港东南的别里加姆）。郑和从此地分别派遣支队航往榜葛剌、溜山，然后又从溜山国的宫屿（马尔代夫群岛中的马累岛）横渡印度洋到达非洲东部的木骨都束。主船队从别罗里经小葛兰、柯枝、古里到达忽鲁谟斯。郑和又在此派遣支队前往佐法儿、剌撒、阿丹、木骨都束、卜剌哇、竹步（今索马里朱巴地区）、慢八撒（今肯尼亚蒙巴萨）等地。主船队从忽鲁谟斯返航，于 1433 年 7 月 22 日回到南京。

19 四大古海船

中国古代木帆船的船型种类非常之多,仅是海洋渔船的船型就有两三百种之多。船型虽颇为繁多,但大体上从船首形状来分,有尖首和方首两大类;从船底形状来分,可以分成尖底和平底两大类。中国有四大代表性的古海船,分别是沙船、鸟船、福船和广船。这四大古海船分别航行在黄海、渤海、东海和南海。其中福船是最具代表性的尖首、尖底船,而沙船是最具代表性的方头、平底船。

沙 船

沙船是一种江海两用船,出现于长江口一带。因为这一带海域的底部多泥沙,尖底船容易陷入沙丘中搁沙覆舟,而平底船可以平稳地搁滩。沙船的前身是殷周时的方头、方艄、平底船。唐朝时沙船的船型固定下来,宋朝称作"防沙平底船"、元朝称作"平底船"、明朝中期统称"沙船"。沙船方头方尾,也俗称"方艄"。沙船有多桅(中型以上采用五桅),船帆为矩形带撑条的硬帆。早期篾帆,明朝篾、布帆兼用,清朝普遍使用布帆。有虚艄,甲板宽平适于载货。在船舷两侧挂有披水板,又称腰舵,船尾安装升降舵。在浅水区域航行的时候,将披水板和舵提起,到深水海域则将舵和下风一侧的披水板放到船底以下。披水板的作用是在横风和偏逆风航行的时候,减少船的横漂。沙船的纵向结构采用"扁龙骨",横向结构则采用水密隔舱,船身纵横一体,船体抗沉性强。

对于沙船,明朝茅元仪在《武备志·军资乘·沙船》中是这样描述的:"沙船能调戗使斗风,然惟便于北洋,而不便于南洋,北洋浅南洋深也。沙船底平，不能破深水之大浪也。北洋有滚涂浪，福船、苍山船底尖，最畏此浪，沙船却不畏此。"清林则徐在《复奏遵旨体察漕务情形通盘筹划折》中说："如以涉险为虑，则沙船往来关东，每岁以数千计，水线风信皆所精熟。"清魏源在《圣武记》卷十四中有："请言舟制……曰沙船，调戗使风，三桅五桅，一日千里，大帆长驰，增以舷栅，江海是宜。"

沙船航海性能好，七级风能航行无碍，又能耐浪，可在大海中远航。沙船的载重量也很大，一般记载中沙船载重量是四千石到六千石（约五百到八百吨）。常用作官船、军船、漕船、盐船等。郑和下西洋的船队中就有沙船船型。清朝道光年间沙船数量有10 000余艘，仅上海一地就有5 000余艘。

五桅沙船模型

鸟　　船

鸟船是一种小型快速海船，始于南宋，明清时期多见于浙江、福建和广东沿海。明朝宋应星在《天工开物》中将该船列为中国的大航海木帆船船型之一。鸟船的外形，头小身肥，尖圆底，艏艉两头微翘，艏部尖瘦呈鸟嘴状，因此得名"鸟船"。鸟船的艉部出艄，恰可以容纳可升降舵板，有纵向龙骨和横向水密隔舱。鸟船一般采用三桅，扇形布匹帆或矩形竹篷，当主篷和头篷各向两舷张开，从正面看像鸟的双翼。

《太平寰宇记》里面说到福建有一族居住在水上的人，叫作泉郎，又叫"游艇子"。这一族人所乘的船为"了鸟船"。《太平寰宇记》里面这样记载："泉郎，即州之夷户，亦曰游艇子，即卢循之余。晋末卢循寇暴，为刘裕所灭，遗种逃叛，散居山海，至今种类尚繁。唐

乌船

武德八年，都督王义童遣使招抚，得其首领周造、麦细陵等，并受骑都尉，令相统摄，不为寇盗。贞观十年，始输半课，其居止常在船上，兼庐海畔，随时移徙，不常厥所。船头尾尖高，当中平阔，冲波逆浪，都无畏惧，名曰了鸟船。"这段记载里面的"了鸟船"，就是乌船。"了鸟"二字是鹝舼简化写法。明朝张自烈所著的《正字通》里面有："船长而小者曰鹝舼。"长而小的船，在水中速度很快，像迅疾的飞鸟。

广　　船

广船产于广东，春秋时期开始出现，唐宋逐渐发展成熟，定型于元明。广船一般有三根桅杆，前桅和中桅略向前倾，提高适航性。广船头尖体长，上宽下窄，用带菱形小孔的平衡舵。广船吃水深，甲板梁拱小，有比较好的耐波性。广船这样的南中国海船舶，往往吸取了东南亚船舶的一些特点。南宋周去非在任广西静江府县尉时，曾写有《岭外代答》，记载了广南西路（路治桂林）一带的中国风物。周去非在其中记录了一种"缝合"船板的方法："深广沿海州军，难得铁钉桐油，造船皆空板穿藤约束而成。于藤缝中，以海上所生茜草，干而窒之，遇水则涨，舟为之不漏矣。其舟甚大，越大海商贩皆用之。而或谓要过磁石山而然，未之详尔。今蜀舟底以柘木为钉，盖其江多石，不可用铁钉，而亦谓蜀江有磁石山，得非传闻之误？"与一般船只用铁钉和桐油结合船板不同，深广沿海的州军用藤条将船板缝合在一起。这种藤条中间夹有茜草，遇水则膨胀，将船板紧紧地结合在一起，不漏水。这种缝合船板的做法，是中东和印度的传统。东南亚等地居民很早已经与中国人有了交往。晋朝嵇含写的《南方草木状》里有："桄榔树似栟榈实，其皮可作绠，得水则柔韧，胡人以此联木为舟。"桄榔生长在亚热带、热带，"胡人"也指的是那里的外国人。

广船一般用热带的硬木制造，如铁力木。《海防纂要》里面记载："广船视福船尤大，其坚致亦远过之，盖广船乃铁力木所造，福船不过松杉之类而已，二船在海，若相冲击，福船即碎，不能当铁力之坚也。倭夷造船，亦用松杉之类，不敢与广船相对冲，但广船难调，不如调福船为便易，广船若坏，须用铁力木修理，难乎其继，且其制下窄上宽，状若两翼，在里海则稳，在外洋则动摇。广船造船之费倍于福船，而其耐久亦过之，盖福船俱松杉木，楸虫易食，常要烧洗，过八九汛后难堪风涛矣，广船铁力木坚，楸虫纵食之也难坏。"广船和福船船型比较相近，船体大小相当，都可用作战船。广船使用珍贵的热带硬木制成，船体坚固，与杉木制的福船不敢与其相撞。同时广船木质坚硬，不容易腐坏，使用寿命长。缺点是铁力木贵且不易得到，并且维修是一件麻烦的事情。

桄榔

广船模型

福 船

福船是对福建、浙江一带沿海的尖底海船的统称。因为建造于福建沿海，所以得名"福船"。福船起源于战国时期，用福建盛产的优质木材建造，适于远洋航行。明朝廷派出的出国使臣乘坐的官船都是福船型海船。《后汉书》中有，东汉"建初八年，（郑弘）代郑众为大司农。旧交趾七郡贡献转运,皆从东冶(今福州市),泛海而至,风波艰阻,沉溺相系。弘奏开零陵、桂阳峤道,于是夷通,至今遂为常路。"从秦到西汉,旧交趾即越南南部地区与中国物资往来,以福州为中转。福州是重要的港口和舟船建造地。福船汲取了南北海船的优点,与魏晋后出现在福建沿海的"了鸟船"有渊源。福船艏部尖,艉部宽,底尖上阔,两头上翘。有纵通突出龙骨,多道横向水密舱壁,多道纵向"大拉"等构成坚固船体结构。福船一般采用三桅,扇形布帆或矩形竹篷。有些福船艏或艉部有"活水舱"。"活水舱"在满载水线附近有孔,当船在风浪中上下颠簸的时候,"活水舱"会随之灌入和流出海水,这样可以起到压仓的作用,减小船的颠簸幅度和速度。福船艏部舷墙外侧安有一对大眼睛,叫作"龙目",渔船的眼睛往下看,而商船的眼睛朝上看。福船的艉封呈马蹄形,绘有色彩艳丽的图案,俗称"花屁股"。

关于福船,古书上说:"上平如衡,下侧如刃,贵其可以破浪而行也。"福船吃水深,很平稳,有龙骨,船底呈尖形,能够破浪而行。超大型福船被称作宝船。郑和宝船是郑和船队的主体,也是船队的旗舰。

福船模型

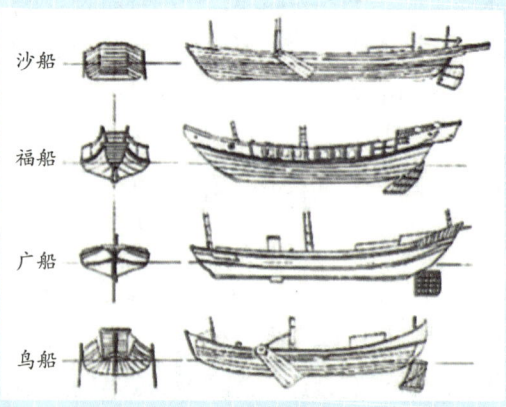

中国古代四大古海船比较图

知识链接

中国帆船与西方帆船的不同

我国古代航海的帆船，有着与欧洲、埃及、阿拉伯、印度等国家和地区的古代帆船不同的特点。中国古海船上的风帆，是百叶帘的形式，用竹、木撑条撑起来麻布或者竹席，可以自如地升起和折叠。中国风帆是硬式风帆，形状呈矩形或扇形。而西方常见的是三角或方形的软风帆。另外水密隔舱、可升降尾舵都是中国古海船的特征。从船型上来说，西方船仿照鱼的形状建造，中华船则仿照水鸟的样子来建造。西方船前后尖，中部像鱼肚一样较宽。中华船呈前部尖，而中后部宽的形态特征，像水鸟或大雁。中国采用雁型，最宽处靠后，适航性更好。

古船上的彩漆

中国漆来自于漆树分泌的树脂，是一种天然涂料。漆树是亚洲特有的树种，割开漆树皮，流出一种白色黏性乳液，古人把这种乳液收集起来，经过加工做成漆料。这种漆是中国古代的发明，后来传到了亚洲和欧洲的其他国家。今天天然环保的中国漆，是重要的出口产品。漆涂在木制品的表面，能够形成一个坚硬且有光泽的保护膜。中国古海船上涂漆主要有三重用途。一是保护船体，船体泡在水中，风吹日晒，通过涂漆能够保护木质的表面，延长船舶使用寿命。二是美化船体，船体涂上鲜艳的彩漆，更加美观灵动。中国的四大古海船都有各具特点的彩漆装饰。三是漆有黏合作用，漆的黏性强，可以黏合很多材料。此外漆涂在船底还有减少水的阻力，提高船行驶速度的作用。《旧唐书》中有记载，唐朝贞元年间，扬州长史兼御史大夫杜亚，让参加春季赛船的船只底部涂漆，"贵其速进"，让船行驶得更迅捷。

见证海上丝绸之路的"南海一号"

1987年，交通部广州救捞局与英国的一个潜水打捞公司合作，在广东省进行沉船调查时，意外发现一艘南宋初期的沉船。这艘木质货船在水下保存得相当完整，船上装载的文物有6到8万件之多，是迄今世界上保存最完整的远洋贸易商船。"南海一号"从我国的东南沿海港口装货后，在前往南亚、西亚地区进行贸易活动的途中沉没于海底。刚刚被发现时，这艘沉船被称为"川山群岛海域宋元沉船"，后来被命名为"南海一号"。

在接下来的二十多年里，中国水下考古队不断地小心打捞，整理出了一大批宋元珍贵文物，其中不乏国宝级的文物，引起世界关注。其中船上的瓷器主要来自江西、福建和浙江等地的民窑，包括福建德化窑、泉州磁灶窑的外销瓷器。

青白釉刻画花纹碗

青白釉菊瓣纹花口盏

此外还有金器、银器、铜器,甚至还有大量动植物标本。"南海一号"为我国古代造船工艺提供了标本。"南海一号"是"广船"还是"福船"?"南海一号"使用的木材以松木和杉木为主。考古学家测量"南海一号"的船宽最大处约9.55米,船的残长为21.58米,船型显得"短肥"。从建造的木材种类和船型来看,"南海一号"更接近"福船"。

打捞"南海一号"

"南海一号"所载瓷器　　　　沉在海底的"南海一号"

戎 克 船

16世纪早期,葡萄牙人在马六甲海峡最初看到戎克船,把这种船称为"junco"。葡萄牙语"junco"由马来语和爪哇语"jong"转写而来。"junco"指的是大型商用船舶。戎克船的血统比较复杂,往往结合了东南亚和中国造船的技术。中国传统船舶有时也被统称为戎克船。

20 中华帆

中国古代的风帆最早何时出现,学者们多有争论。因为缺乏关于帆的早期记载,暂时也没有上古风帆的考古发现,学者们只能根据一些间接的证据来进行推测。关于帆,古文献中有"夏禹作舵,加以篷、碇、帆、樯",以及"禹效鲎制帆"的传说。夏禹曾在浙江沿海多次巡游,他的活动可能涉及航海和风帆。现在一般认为,在殷商之前中国就已出现了原始帆,最晚在春秋战国时期已经有了风帆,约经过六七百年的发展,到了东汉时期中华传统帆基本成型。

岩壁和青铜器上的疑似古帆

一些春秋战国岩壁和铜器上的古船图上,有类似风帆的图案。1956年在湖南常德收集的侧身人像钮铜镦,于它的底部刻有船纹图形。船上有三个竖起的装置,其中一个有一些歪斜,仿佛受了风的力量。有学者认为船上竖起的是桅和帆。1989年在珠海南水高栏岛宝境湾发现的岩画船图,船的中部和尾部竖起的也被认为是挂着帆

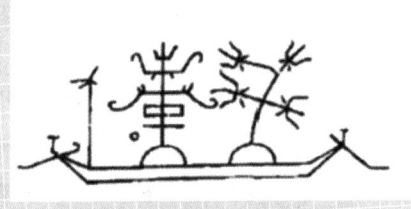

春秋时期的帆船船纹(据湖南常德收集的侧身人像钮铜镦于底部纹饰摹绘)

珠海宝境湾岩画上的古船图

战国时期越族铜镦于顶盘上刻画的船纹图案

的桅杆。还有，湖南出土的战国时期越族铜镦于，"在其顶盘上刻有船纹。其中一种船纹在中部立有一扇状图形很像风帆。也有的船纹在船首尾有桨，中部的图形也似为风帆之属"。

中华传统帆

早期的风帆比较简陋，还不适合于海上长距离的航行。到了东汉时期，中国的史籍中出现了关于帆篷的明确记载。这时候的风帆已经发展得比较成熟了。东汉古文经学家和文学家马融，在元初二年（115）上《广成颂》给汉安帝，其中有对风帆的描绘："然后方余皇，连舼舟，张云帆，施蜺帱，靡飓风，陵迅流，发棹歌，纵水讴，淫鱼出，菁蔡浮，湘灵下，汉女游。"马融描绘了帆船队在波涛中航行的景象，像艅艎那样的大战船组成船队，升起似云彩、若霓虹的绸帆，乘着风，迎着浪，唱着船歌，开航前进。东汉刘熙《释名》一书中给"帆"和"桅"下了定义，"随风张幔曰帆，使舟疾泛泛然也""其前立柱曰桅。桅，巍也。巍巍高貌也"。三国东吴万震撰的《南州异物志》中记有："外徼人随舟大小，或作四帆、前后沓载之，有卢头木，叶如牖形，长丈余，织以为帆。"其中"外徼人"，是指边境一带的人。万震记载了由植物卢头木的叶子编织而成的硬帆。

现在已知最早的中华传统帆的图像来自敦煌壁画，画中表现的是唐朝中国的江河帆船。唐朝到元朝，中国的海上贸易颇为繁荣，但是航海帆船的图像却很少见。王冠倬在《中国古船图谱》中介绍了金宋时期山西繁峙岩山寺《海难遇险图》。在这幅半残的壁画中，画中的海船桅杆折断，风帆落下，船员们正在奋力地应对险情。

中国传统帆篷的取材很广，分为硬质和软质两大类。硬质的帆篷材料有卢头木叶、竹叶、芦苇、蒲叶、竹篾等植物纤维。用这些带有韧性的植物纤维编织而成的船帆比较粗、硬，一般称为篷，属于硬帆。软质的帆篷材料有麻、丝、棉等织物。这些织物比较轻软，一般称为布帆。布帆本身属于软帆，中国古代的帆船上也使用软帆。聪明的中国人对布帆进行加工，发明了另一种硬帆。他们在布帆上加横向的竹撑条作为筋，就像用绸布和竹条做风筝一样。竹撑条被称作帆骨或帆竹，具有弹性。这样做出的帆能更有效地利用风力，也是一种硬帆。这种硬帆是中国特有的，被学者称作中华帆，其常见的帆型包括长方形、梯形、矩形、扇形等。

中国传统帆船上一般有三根桅杆，形成三桅帆，即主帆、头帆和尾帆。主帆的面积最大，船舶驶风的过程中主要使用的是主帆。头帆在船首，面积仅次于主帆，平时可以增加受风面积，遇到大风时可以降下主帆只使用头帆，保障航行的安全。尾帆的尺寸是最小的，它除了能增加受风面积外，还能配合操舵，调整船舶的航向。

外国古代帆船上的桅杆是固定的，遇到风暴时如果落帆不及时，桅杆往往会折断，甚至会有翻船的危险。中国传统帆船上的"人

唐朝帆船（线图），见甘肃敦煌45窟壁画

金宋时期海船（线图）

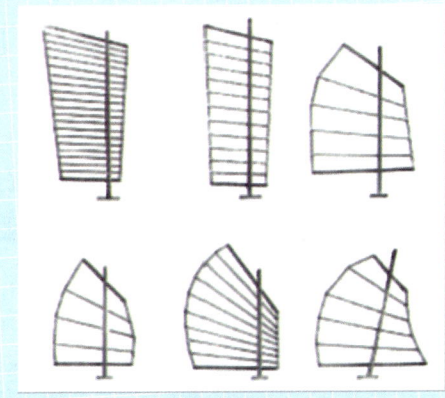

中华帆的几种常见帆型

"金华兴"号广式帆船

字桅"和装有"转轴"的桅，则能够迅速地竖起和卧倒。沈括记录过一则故事，在北宋嘉祐年间，有一艘外国船舶在海上遇风折桅，漂到苏州昆山江岸，当地中国工人前去维修，发现船上的桅杆是固定的，就给它装了转轴，并教外国船员如何竖起和卧倒桅杆。可见中国的风帆技术在那时是相当先进的。

风帆驶风技术

发明了帆船之后，中国古人总结出了使用风帆的一套技术。秦朝的徐福东渡日本可能已经利用了风帆。到了西汉，远洋船队驶出马六甲海峡，到达印度半岛南端。没有比较成熟的驶帆技术，汉人无法完成这样的远航。在驶帆之前，需要知道大海上的风向。古人常在船上立一根长杆，利用长杆顶端的鸟羽来观测风的方向。轻飘飘的鸟羽测风非常灵敏。知道风向之后，船员们便可以针对不同的风向来正确驾驶风帆。如果是正顺风这种最有利的风向，则把布风帆都张满，疾驰而去。但是在航行中往往碰到的不是正顺风，而是稍偏的风向。这个时候"布帆之用，不若利篷翕张之能顺人意"。利篷是以竹子为横桁，以篾席为帆面的硬帆。硬帆的驶风技术，《南州异物志》接着说道："其四帆，不正前向，皆使斜移，相聚以取风吹，风后者激而相射，亦并得风力。若急，则随宜增减之。斜张相取风气，而无高危之虑。故行不避，所以能疾。"万震解释如何用卢头木的叶子编的硬帆在偏风里面行驶。也就是当海风不是正顺风的时候，风向相对于海船来说是偏斜的，需要用到打偏驶风技术。所以"其四帆，不正前向"，通过倾斜风帆，来利用偏风，同时操纵船舵来克服横漂风力。海船在航行中，随着风向不同，帆位的布置也不同。"风有八面，唯当头不可行"。八面风是指：正顺风、逆风、左右横风、左右斜顺风、左右斜逆风。正顺风吹来的风向与船体的纵中线一致，正横风吹来的风向与船体呈90°角，而正逆风吹来的风向与船体呈180°角。这句话是说，除了当头风，也就是正逆风不能行驶以外，其他七个方向的风都可以通过驶帆技术航行，到达目的地。"风后者激而相射，亦并得风力"，这个是说斜逆风吹到后帆上，再反射到前帆，推动船的前行。"若急，则随宜增减之"，如果遇到情况，则可以通过升降船帆或将船帆的角度加以改变，来达到增减的效果。中华帆是纵帆，在风中调整帆的方向，非常便捷，并且船帆的重心低，船只不容易因船帆受风而发生倾覆。所以能够在"迅风激波"中安全地疾驰。

其实中国古代也有逆风行驶的技术，记载首见于沙船："沙船能调戗使斗风！"海船在逆风中行驶，必须戗走，也就是斜着走，同时需要"调戗"，也就是轮流换向，船的航线呈"之"字形。

明朝沙船模型

知识链接

古埃及风帆

美索不达米亚地区早在公元前6000年已经发明风帆。古埃及的风帆出现的要晚一些，大约在公元前3000多年。埃及第一王朝之前的装饰陶瓶上，绘有船的纹样，船上张着一种横帆。陶瓶上所绘的船帆，被认为是世界上一种最古老的帆。横帆也叫四角帆，是桅杆上固定了平行的横木，上面挂上四方

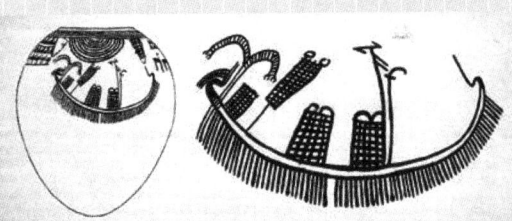

古埃及装饰陶瓶上的带帆船纹（公元前3500—前3000）

113

形或梯形的布。埃及横帆船的速度很快，但是只能走顺风，逆风时要降下风帆，靠船员划桨前进。

古埃及沙胡·拉法老乘坐的船
（公元前2494—前2435复原模型）

公元前1300年左右的埃及帆船模型

21 航海图与地文导航

汉朝开辟了海上丝绸之路,商船航行远到印度洋以西。随着海上航行的距离越来越远,往返的次数越来越多,人们对海洋的了解也随之增多,海上航线逐渐形成。海上航线是船舶在海上航行时的航行路线。两汉、三国时,已经有不少记述海上航线的文字。如《汉书·地理志》记录了自徐闻、合浦道到已程不国(今斯里兰卡)的航行路线及日期。学者估计其时应当已经有比较原始的海图,是由船上的船工对着实景绘制。只是这些船工的文化艺术水准有限,所绘海图粗陋,又因年代久远和战乱,原始海图都没有保存下来。而那些文化艺术修养较高的人,又不像船工那样熟悉航海,也没有绘制出可以保存下来的海图。

唐宋时期,我国航海已经相当繁荣,但是在现存的古海图中尚未发现当时流传下来的海图。不过唐朝已经有一些关于海图的文献记载。唐朝中期著名的地理学家贾耽,用了17年绘成《海内华夷图》。贾耽说:"谨令工人画《海内华夷图》一轴,广三丈,纵三丈三尺,率以一寸折成百里。别章甫左衽,奠高山大川。缩四极于纤缟,分百郡于作绘。宇宙虽广,舒之不盈庭;舟车所通,览之咸在目。"从"舟车所通"一句来看,这幅地图表示出了水陆交通的线路。

到宋元时期,已有中国人使用海图的明确记载。北宋宣和五年,奉议郎徐兢一行作为特使,率由四艘神舟和六艘客舟的船队前往高丽。归来后,徐兢撰《宣和奉使高丽图经》,其中卷34至卷39为"海道",详细记述了从中国甬江口招宝山出发,到高丽沿途所经的航道。文中有"谨列夫神舟所经岛洲苫屿而为之图"的记载。后经"靖康之变",海图佚失。《新元史》还记载了南宋末年金兵围困襄樊时,婺州兰溪

115

明朝壁画航海图

人金履祥曾向南宋政府"进牵制捣虚之策，请以重兵由海道直趋燕、蓟，则襄樊之师不攻自解。且备叙海舶所经，凡州郡县邑，下至巨洋别岛，难易远近，历历可据以行。宋廷臣不能用。伯颜师入临安得其书及图，乃命以宋库藏及图籍仪器由海道运燕京。其后朱清、张瑄献海漕之策，所由海道，视履祥图书，咫尺无异者。"当时的人对金履祥海道图的精确十分叹服。

现存最早的古航海图

现存最早的古航海图是《海道指南图》。明朝出现了一种指导航海的专书，如《航海针经》《四海指南》《针谱》《渡海方程》《海道经》等。《海道指南图》便是《海道经》中的附图。根据《海道经》所附《海运以远就近则例之图》，元朝海道都漕运万户府"推究地理远近，将船户湾船处及装粮路分，通画图书，明白标写去处里路"。并且把航海图刻在石碑上。《海道经》面世的时候，这个刻着航海图的石碑还在，只是有缺损。后来石刻航海图湮灭了，只有《海道经》中保存下了元人底本的《海道指南图》。

《海道指南图》共3个双页计6幅，可拼接。图幅方位右为南，左为北，上为东，下为西。制图范围自南京龙江关开始，沿江出海，向南至宁波府，向北沿海岸经成山头至直沽口及辽东半岛。图上绘出江岸及海岸，沿岸注有各种地名。《海道指南图》其实只是海道示意图，还不是真正的航海指南图，不能独立指导航海，必须与《海道经》中的文字对照使用。全图只有东南西北的大体方位，没有航向针位的注记。《海道指南图》中标出了有望山性质的岛屿，但没有画出连绵不断的具体航线，只是把航线经过的州县串联起来形成"海道"。在一些重要的航段上，《海道指南图》中注记了相应海区的特殊水文状况，如"黄混水""绿水""桃花水""虎斑水""黑水大洋""官绿水"和"白蓬头，急浪如雪，见则回避"等。

《郑和航海图》是我国航海图发展史上一个重要的里程碑，原名为《自宝船厂开船从龙江关出水直抵外国诸番图》，原图为手卷式的，是可以一字展开的长卷。这个原始的航海图没有留存下来。据说航海图被明弘治时的兵部尚书刘大夏，连同其他航海资料一把火烧毁。又有一说，刘大夏只是藏匿了这些资料并没有烧毁，后来随着洪武朝实施海禁，航海图流落到了民间。庆幸的是，《郑和航海图》后来收入明朝茅元仪辑录的《武备志》中。通过比较分析郑和船队中的船员留下来的航海日志，历史学家认为《武备志》中的航海图就是《郑和航海图》。在《武备志》中，原来的长卷被改为书本式，一幅接着一幅的航行图共 40 幅，另外还有 4 幅过洋牵星图。《郑和航海图》绘制的时间没有确切记载，图上所表示的航线与郑和最后一次下西洋（宣德五年即 1430 年）的路线相符合。可能是作于航行的途中，或是返航之后。郑和下西洋之前已有航海图，只是不够系统和完善，它们是《郑和航海图》的前身。如明朝《顺风相送》里面有记载："永乐元年奉差前往西洋等国开诏，累次较正航路，牵星图样，海屿水势山形……"郑和船队在远航的过程中，对已有的航海图进行补充和修订，加工整理成最终的《郑和航海图》。《郑和航海图》中的航线是从江苏南京出发，出长江口，沿着海岸向南绕过中南半岛、马来半岛，通过今马六甲海峡到印度洋溜山国（今马尔代夫）。在溜山国航线开始分为两支：一是横跨大洋到非洲东岸的木骨都束（今摩加迪沙），再沿海岸北上至忽鲁谟斯（位于今霍尔木兹海峡北）；另一条航线穿过阿拉伯海直达忽鲁谟斯。

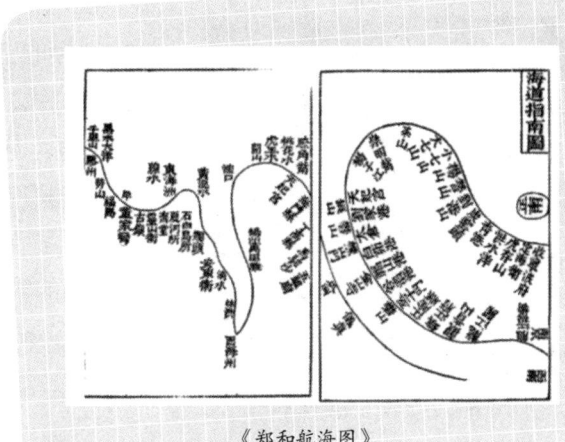

《郑和航海图》

《郑和航海图》是完备的海上航行图，它能够引导船舶在相应的海区安全航行。航海图上的内容有大陆岸线、岛屿、浅滩、礁石、港口、

《武备志》中的《郑和航海图》

江河口，沿海的城镇、山峰，陆地上可作航行目标的宝塔、寺庙、桥梁、旗杆等物。图上还绘有航线，并注记针位（航向）和更数（航程）等内容。从《郑和航海图》中还可以看到伊斯兰文化的影响。在印度洋海域的绘制中，是以伊斯兰天文航海法中"托勒密的世界地图"为基础的。中国的帆船在印度停留的时候，会更换成阿拉伯帆船。可能印度洋这一段海图是阿拉伯帆船上的伊斯兰海员绘制的。

茅元仪刻印的《郑和航海图》比较好地保存了原图，各分图之间接缝吻合的约占54%。有学者曾将明清线装本的《武备志》中的《郑和航海图》重新复原为一整幅长卷。复原的长卷高0.2米，长达7.2米。

山形水势图

从北宋徐兢的《宣和奉使高丽图经》，到元朝的《海道指南图》，再到《郑和航海图》，我们可以看到中国古代航海图从简单的海道图，发展到在航海图上注记详细针位、航路里程、航行指南的航海指南图。在众多航海前辈的积累之上，中国又发展出了一种独具特色的航海指南图——"山形水势图"。山形水势图由详细的"山形"和"水势"组成，与针路簿一起使用。中国古代航海家创造了一种自成体系的

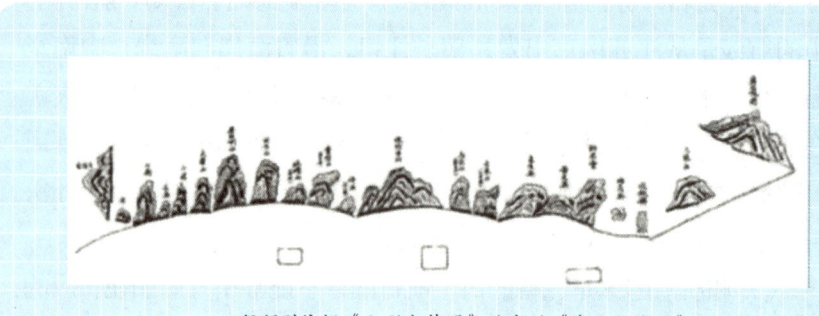

程顺则依据《山形水势图》改成的《中琉航海图》

导航方式：航海时的航路，用"海道针经"这样的记录指南针针位的针路簿；船舶的定位则依靠"山形水势图"。可惜的是，针路簿和山形水势图都属于"舟子秘本"，这些关于航路的秘密知识不能外传，所以流传下来的很少。有一位琉球人程顺则，于清康熙年间从福建人手中获赠一套《针簿》和《山形水势图》。程顺则根据中琉间的航海需要，将《针簿》改成《指南广义》，将《山形水势图》改成《中琉航海图》。《中琉航海图》让我们得窥古代"山形水势图"之一斑。

地文导航

在指南针出现之前，航海一般沿着海岸线。海船在出发地和目的地之间多次往返，自然总结出航路上景物的特点。关于这些景物特点的描述文字在汉朝的典籍中已经出现。三国以后描述航路的文献记录增多了。如"从扶南发投拘利口，循海大湾中，正西北入，历湾边数国，可一年余，到天竺江口"。其中有港口、海湾、航向、航期、河口等多种描述。到了宋朝，对海外诸国有了更进一步的认识。《岭外代答》中有："诸蕃国大抵海为界限，各为方隅而立国，国有物宜，各从都会以阜通。正南诸国，三佛齐其都会也。东南诸国，阇婆其都会也。西南诸国，浩乎不可穷；近则占城、真腊，为窊里诸国之都会；远则大秦，为西天竺之都会；又其远则麻离拔国，为大食诸国之都会；又其外则木兰皮国，为极西诸国之都会。"对航路上的景物的对景定位技术，也有文献记载。如"海驴礁，状如伏驴"，描述了礁石的形状如俯卧的驴子。"兹山盘踞于小东洋，卓然如文笔插霄汉，虽悬隔数百里，望之俨然"，像笔一样矗立的山，远隔数百千米就能看到。除了文字的描述以外，地文导航技术发展的一个标志便是航海图的出现。

古代中国的地文导航术，记录航路所经的岛屿、大陆海岸地标、地貌，主要是陆标导航。确定海船位置，还可以借助于识别海底地貌。如海水的深度、海水的水色、海底的土质等。古代的航路指南

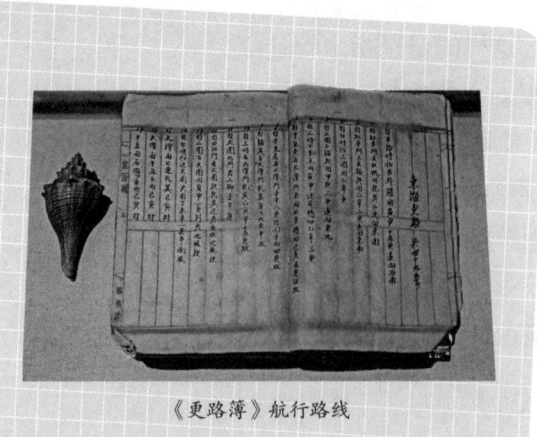

《更路簿》航行路线

中也有相关的记录，如"沙门岛东南有浅，可挨深行驶，南门可入；东边有门，有暗礁两块，日间可行。"提示了海水的浅水处，还有海水下面暗礁的存在。从元朝开始，在浅险的航道上，会设置人工陆标，提醒海员定位。

知识链接

"制图六体"

中国在两晋时期，有裴秀提出绘制地图的原则，即"制图六体"："一曰分率，所以辨广轮之度也。二曰准望，所以正彼此之体也。三曰道里，所以定所由之数也。四曰高下，五曰方邪，六曰迂直，此三者，各因地而制宜，所以校夷险之异也。"裴秀认为，绘制地图需有分率，即比例尺，需定准望，即确定方位，还需知道两地间的距离等。裴秀说："以二六者，参而考之。然远近之实，定于分率；彼此之实，定于道里；度数之实，定于高下、方邪、迂直之算。故虽有峻山巨海之隔，绝域殊方之迥，登峰诡曲之因，皆可得举而定者。准望之法既正，则曲直远近，无所隐其形也。"裴秀的制图理论一直影响着我国传统地图的绘制，包括海图的绘制。

波托兰海图

在航海图出现之前，西方有航海日志，里面记录了暗礁、港口、海岸线、陆地的标志物等航行的信息，也会配简单的图供参考。西方最早的航海图是波托兰海图。在13世纪的意大利，波托兰海图从地图中分离出来，专门用于航海。欧洲中世纪海员使用的这种航海图是根据实际的航海经验绘制的，制图范围主要集中在地中海和大西洋沿岸。波托兰海图上布满放射状的方位线。这些方位线是依据指南针的方位画出，有些类似于中国古代航海中使用的《针路簿》。航行者借助波托兰海图上的方位线，再配合使用由指南针和圆周尺构成的罗经仪，可以测定船舶在海洋上的方向。1275年以前的波托兰海图都没有保存下来，但是在此之前应该已经开始广泛使用了。

罗经仪

波托兰海图给出的结果是航线在地球上的理论位置，在航海中使用时具体对应的方位不一定很准确。《郑和航海图》与波托兰海图的绘制思路不同，它是一种对景图，图上看不出各个地点的理论位置，而是利用航行中所过之处的山形、水势、星辰位置等来判别船舶在海洋中的位置;《郑和航海图》上标的指南针针位，也是在航行中总结出来的，具体的位置有相应的针位。可以看到中西航海图有很大不同。西方航海，在古希腊时期虽然也主要是沿着海岸线航行，利用地文导航。但天文导航方面，西方国家比中国发展得更好。公元前200年，地理学之父、古希腊的埃拉托色尼，结合天文学与测地学测量地球周长。他利用夏至日同一子午线上，两地同时测得的影长的差异，得出了一个相当精确的地球周长数值。埃拉托色尼也试图用经纬网标示地图。而中国古代虽有"浑天说"，主要使用的还是地平的观念。虽知"里差"，但没有进一步形成经度概念，海图绘制中当然也没有经度观念。中国古代的对景图导航是地文导航的线路逼近法。

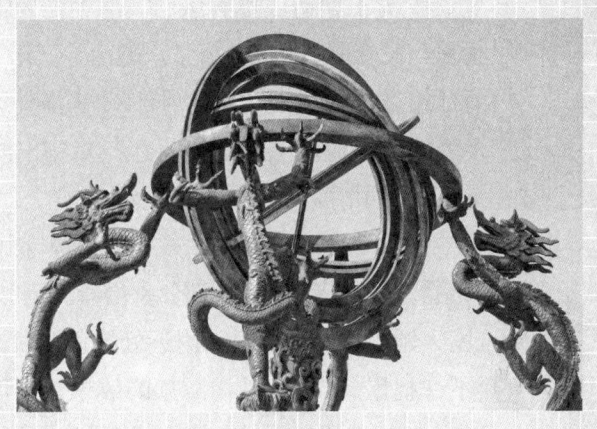

浑天仪

22 木帆船的衰落

郑成功雕像

清初因为东南沿海郑成功等反清力量的存在，给清王朝造成重大威胁。清朝廷为阻止抗清力量与民众联合，颁布海禁。顺治十三年（1656），清廷宣布："海船除给有执照许令出洋外，若官民人等擅造两桅以上大船，将违禁货物出洋贩卖番国，并潜通海贼，同谋结聚，及为响导，劫掠良民。或造大船，图利卖与番国，或将大船赁与出洋之人，分取番人货物者，皆交刑部分别治罪。至单桅小船，准民人领给执照，于沿海附近处捕鱼取薪，营汛官兵不许扰累。"但是最初海禁的效果并不理想。郑成功的叛将黄梧，于是向清廷建议更加严酷的禁令："将所有沿海船只，悉行烧毁，寸板不许下水。凡溪河监桩栅，货物不许越界。时刻了望，违者死无赦。"顺治十八年（1661），清廷正式颁布"迁海令"，强迫北起渤海湾，南到广州沿海的所有居民内迁30～50千米，沿海房屋全部焚毁，成为无人区，海船也悉数烧毁。迁海令的实行，使得沿海的农业、渔业、手工业以及海外贸易均遭受极大破坏。

复开海禁

康熙二十三年（1684），清廷宣布开放海禁，然而对出海贸易的商船仍重重设限。但是有着航海传统的沿海居民，迫于生计，还是纷纷出海牟利。《粤海关志》中有："粤东之海，东起潮州，西尽廉南，南尽琼崖，凡分三路，均有出海门户，自海禁既开，帆樯鳞集，瞻星戴斗。"

康熙开禁后，清朝的远洋海运一度进入兴盛时期。据《厦门志》记载："服贾者以贩海为利薮，视汪洋巨浸如衽席，北至宁波、上海、天津、锦州，南至粤东，对渡台湾，一岁往来数次。外至吕宋、苏禄、实力、噶喇巴，冬去夏回，一年一次。初则获利数倍至数十倍不等，故有倾产而造船者。"东南亚是中国木帆船的传统贸易地，18世纪以后中国木帆船在该地区的活动日益频繁。随之而来的是造船业的发展。清康熙五十八年（1719）徐葆光撰《中山传信录》中记载，出使琉球的两艘大海船，是从浙江、宁波民间商船中选取的，"费轻办速，前此未有也"。可见当时民间的造船业颇具规模。

乾隆二十二年（1757）朝廷下令关闭所有开放的通商港口，只留下广州港对外通商，即所谓的"一口通商"，推行严厉的闭关自守政策。而西方的工业革命也正是在这个时候开始勃兴。蒸汽机等先进的科学技术在造船和航海业中得到广泛应用。而中国对世界造船航海业的新技术一无所知，本身的造船航海业停滞甚至倒退，巨大的差距就这样拉开了。

英国人绘制的清朝粤海关图

漕运的短暂复兴

清朝因为海禁的原因，北京所需的江南粮食需要经运河和自然河道漕运。清朝中叶以后，因为自然和社会原因，运河航道的运输条件恶化，河运漕粮难以维系。"自借黄济运以来，运河底高一丈数尺，两滩积淤宽厚，中泓如线。向来河面宽三四十丈者，今只宽十丈至五六丈不等。河底深丈五六尺者,今只存水三四尺,并有深不及五寸者。舟只往往胶浅,进退俱难。"协办大学士、户部尚书英和上疏建言:"河道既阻、重运中停,河漕不能兼顾,惟有暂停河运以治河、雇募海船以利运,虽一时之权宜,实目前之急务。"道光六年(1826)正月,运粮海船自上海起航,经山东半岛,至天津,转北京。全程2 000余千米,共运米4 500万余千克。道光二十六年(1846),苏州、松江、泰州的漕粮正式改走海运。

漕运画

海漕所用之船主要有沙船、三不像船、卫船等。三不像船,身长腹宽,头锐尾高,帆篷用竹篾编成,很重不过耐用。卫船身长腹阔,头尾不高,桅也不高。实行漕粮海运后,最初运输所用船只全为木帆船,并有免税和护航等各种优惠。漕运海船在此期间获得飞速发展。以沙船为例,在道光和咸丰年间,沙船的数量保持在2 000～3 000艘。西洋轮船入侵前,"以沙船为恒产者,蒸蒸日上,获利无算,有富至百十万者。或问其富,不曰田亩,不曰庐舍,不曰店铺,而以沙船对"。海漕和木帆船兴盛,推动了上海、宁波等沿海地区经济的发展。数以万计的漕粮用沙船由上海运至天津,清政府规定沙船主可以同河运漕粮一样,免税携带土特产。浙江的商船则每次运送漕粮可得两成免税货物。商船运漕抵达天津卸货之后,又可以前往辽东等地购买北方的货物运回南方,一来一去能够获得的利润相当可观。

上海港是南北货物转运的枢纽,每年的货物量有20～30吨。十六铺码头是上海的水上门户。沙船业再度兴起,十六铺码头也喧嚣起来。清乾嘉时期,"南北物资交流,悉借沙船。南市十六铺以内,帆樯如林,蔚为奇观。每日满载东北、闽广各地土货而来,易取上海所有百货而去。"

外滩新十六铺码头

木帆船衰落

两次鸦片战争之后，外国航运势力凭借与清廷签订的不平等条约开始入侵中国。长期在中国江海航线上承担客货运业务的帆船业，无法抵抗外国轮船的入侵，很快出现了衰落。东南沿海的许多口岸，木帆船都遭到轮船的排挤。外国轮船在技术上占明显的优势，其速度快、由动力驱动、载货量大，受气候水流影响小。木帆船的动力来自风力、水流和人力，航行速度慢，航行中受天气的影响很大，水浸和其他事故也比较多发，这些缺点很难得到改进。再加上外国的轮船有多种不平等条约的保护，尤其在纳税方面的优惠，让轮船的发展有了保障。不平等条约规定，外国轮船载入

旧时上海十六铺码头

木帆船模型

内地的洋货或是运出各埠的土货，只需缴纳货价 2.5% 的子口税，便可以通行于各通商口岸。木帆船不享此优惠。

同治四年，由外国人掌握的海关贸易报告公开宣称："我们有各种理由认为帆船货运的黄金时代已成为历史""成千上万的帆船闲置在黄浦江上，闲置得快要烂掉了。"福州口岸的商务报告则称，可以肯定地说，外国轮船，尤其是英国轮船，正在逐渐而稳步地垄断沿海航运，由福州口岸运往中国其他口岸用帆船装载的货物，已经有三分之一改由外国轮船载运。可能在不久的几年之后，沿海航线就只会剩下寥寥几只无足轻重的帆船。

中国的有识之士认识到西方制造的轮船有许多长处，走上了引进轮船的道路。主要的引进方式有购买、租雇和仿造等三种。1868年，曾国藩呈递说帖，建议"招商集资，购买轮船"，于"春夏承运海漕，秋冬揽装客货"。但出于各种考虑，曾国藩又主张"海漕仍须先尽沙船"。1872年，北洋大臣李鸿章排除各种困阻，责成大沙船主朱其昂主持向社会招股集资创办了轮船招商局。轮船招商局官督商办，总局设在上海，为中国第一家近代轮船航运公司。

清朝轮船招商局

知识链接

《广州港和广州府城画》

18 世纪到 20 世纪初，在广州等地有一种"中国外销画"。这种画作被当时的画师叫作"洋画"，外国的购买者则叫这些画为"中国画"。这些外销画一般是外国商人请中国画师绘制。中国工匠将中国传统绘画技法与西洋画法相结合，采用外国的绘画材料绘制而成。题材取自中国社会生活、民俗和自然景物等方面。《广州港和广州府城画》即属于这种兼具浓厚文化输出和商业性质的特殊绘画。该画长 920 厘米，高 74 厘米，为绢裱本卷轴水粉画，创作时间约在清乾隆二十五年（1760）。这幅长卷是由英国人雇用中国画家，为纪念其在广州商贸经历而作。

画面西起广州府城西边珠江上游的黄沙、柳波涌的西关炮台，东至广州府城东边珠江下游的大沙头、东水炮台，所画内容是广州港口、广州府城和珠江此段沿岸风景，画有大小码头和各类官私、宗教、中西建筑200多处，各种停泊或行驶的船舶四五百艘，岸上和船上人物六七百余，生动再现了当时长达八九千米的广州贸易口岸的繁荣景象。该画是清朝外销画中创作时间较早、画幅最大、绘制最精的画作，非常珍贵。

轮船的发明

早在1690年，法国的德尼·巴班就提出用蒸汽机推动船舶的设想。1769年，法国发明家乔弗莱·达邦实验在船上通过蒸汽机驱动一组木桨来航行。

美国工程师富尔顿，在当时美国驻法国大使罗伯特·利文斯顿的建议下，开始尝试制造蒸汽机船。富尔顿的这艘实验船，第一次试航的时候相当成功，但是1803年在塞纳河中试航时却不幸沉船。1807年，美国的富尔顿在纽约建成第一艘采用明轮推进的蒸汽机船。这艘商用的蒸汽机船，后来被称为"克莱蒙脱"号。1807年9月17日，"克莱蒙脱"号在哈德逊河首航成功。这艘船从纽约出发，船上有富尔顿、利文斯顿和一些想亲历这一历史事件的朋友。"克莱蒙脱"号以每小时8千米的速度航行，最终到达了奥尔巴尼。在这次试航中，"克莱蒙脱"号刚刚驶离船坞便发生了故障，富尔顿及时排除了故障，之后一路顺利航行。

1825年，欧洲轮船首次航行到印度。中国海面首次出现轮船是在五年之后，英国轮船福士号途径印度驶达广东伶仃洋洋面。早期轮船主要由木和铁制造，载重量小，燃煤的消耗量又大，远洋航运不便，主要用于客运和邮运。大宗货物的运输，仍需要帆船。据记载，1853年1到9月，上海港停泊的175艘外国船舶，轮船只有11艘。轮船的大发展是在19世纪中叶之后。随着冶金工业和机器制造业的发展，轮船的制造技术也快速提高。

海 盗 船

洪崖洞海盗船

鸦片战争以后，中外海盗船在沿海地区频繁出没。1860年沿海的地方官员向朝廷奏报："据北回沙船报告，四月二十二、三等日，在山东成山头以北洋面，有北驶夷船三十余只，又山东庙岛、烟台停泊夷船七只，奉天之金州滩停泊夷船三只，沿途抢掠沙船三十余只，卫船四十余只，将货物抛弃入海，砍去船桅，每二只联为一处，带赴北驶。"外国轮船上可以配备武器，应对海盗。木帆船则被限制携带武器，也得不到清政府的有效保护。木帆船无力抵抗海盗，成为海盗攻击抢劫的主要对象。商人们担心货物的安全，往往不愿将大宗货物交给木帆船运输。这也是木帆船衰落的一个因素。

23 中国近代航业的诞生

进入19世纪,西方新式轮船航行在中国沿江、沿海地区,进行客运和货运生意。新式轮船载货多,行驶速度快,那些要运货或乘船航行的人,多选择这些西方轮船。特别是第一次鸦片战争之后,中国的领水主权开始丧失。我国主要河流、南北洋航线和远洋航线都被西方列强控制。随着西方航运势力逐渐发展壮大,中国旧式的沙船等则衰落下来,成千上万的帆船闲置在黄浦江上。19世纪50年代,中国开始向上海英商洋行购买一些小型的明轮轮船。60年代,沿海各省均购置一两只小轮,用以巡洋和通信。但是清政府一直禁止民间购买使用轮船。19世纪60—90年代,晚清经历了30年的洋务运动。清政府中曾国藩、李鸿章等一些较有远见的官僚形成了"洋务派",希望通过洋务运动实现"师夷长技以制夷"的目的。19世纪60年代,洋务运动主要是兴办军事工业,创建海军,70年代则开始致力于民用工业。19世纪六七十年代,中国的江海航权几乎为英国的太古轮船公司、怡和公司和美国的旗昌轮船公司垄断。轮船招商局便是在这样的背景下成立的。

官商之间的轮船招商局

1873年,在李鸿章的努力下,轮船招商公局在上海成立,这标志着中国近代民族航运业正式诞生。招商局成立伊始,李鸿章让富商朱其昂主持业务。然而朱其昂在最初的招股中就遭遇了困难。1873年4月,招股总共只收到现款1万两。李鸿章为了避免招商局夭折,直接从直隶练兵铜金局的制钱中拨借。朱其昂早年做沙船航运起家，曾为浙江漕运总办。朱其昂虽长于沙船和漕运，却不熟悉近代新式轮船，"既于外洋情形不熟，又于贸易未谙"。购买的轮船既不合用价格又贵，同洋商打交道的过程也屡屡上当。不到半年时间，轮船招商局亏损4.2万两。经过半年失败的经营，李鸿章决定改组，让唐廷枢接手为总办，并将原先的"公"字去掉，改名为"轮船招商局"。唐廷枢又推荐了徐润作为会办。朱其昂亦为会办，专管他原先熟悉的漕运。这次改组非常成功，招商局走上了发展壮大的道路。

李鸿章画像

李鸿章说："自无庸官商合办，仍应官督商办，由官总其大纲"，定下了轮船招商局"官督商办"的体制。轮船招商局是洋务运动中由官办转向官督商办的第一次尝试。清政府为了扶持招商局，将漕运业务交给招商局垄断经营。招商局"承运漕粮，兼揽客货"，发展迅速。轮船招商局刚刚开办时只有4艘轮船。三年后已经拥有17艘轮船，船舶总吨位相当于开业初的5.1倍。1877年招商局收购了美国旗昌轮船公司，轮船数量达到了33艘，轰动了当时的航运界。同年，山西道御使董儁翰上奏，认为招商局关系紧要，提出将招商局收归国有。李鸿章坚决维护招商局官督商办的性质，反对将其收归国有。他反驳道，正是由于招商局于国家富强有重要意义，因而不能任意对其进行变更和干扰。招商局开办的时候募集的都是商股，"盈亏全归商认，与官无涉。诚以商务由商任之，不能由官任之也。轮船商务，牵涉洋务，更不便由官任之也"。1880年，国子监祭酒王先谦上奏，认为企业"归商不归官，则局务漫无钤制，流弊不可胜穷"。但这一次，又因为李鸿章的极力维持，不了了之。

轮船招商局成立以后，因为当时没有正规的航海院校，所需的航海人才是在实践中培养的。招商局的轮船大多从西洋采购，在轮船的驾驶和管理方面也主要依靠洋人。洋人占据招商局高级航海职位，工资高，同时也存在很多弊端。为了改变这种局面，需要培养

轮船招商总局成立

1901年的上海外滩轮船招商局大楼（大楼位于上海市中山东一路9号，属于外滩万国建筑群，见证了上海外滩风云变幻的历史）

招商局轮船股份有限公司股票

中国自己的航海人才。招商局选派聪明的船员在船上向聘请来的西方海员学习。这些船员在实际操作中逐渐掌握航海技术和经验。同时招商局还颁布了《轮船规条》《轮船招商总局章程》《航海箴规》等近代中国第一批船员和航行的条例和章程。其中有详尽的航海技术细节规范，如在航行中如何处理悬挂灯火、鸣号等。与此同时，招商局着手解决航海教育问题。招商局资助新式学堂，培养航海人才，如资助福州船政学堂、天津水师学堂等。此外还自办航海学校、招商局航海专科学校和招商公学航海专修科。招商局还选派人才留学海外，"探制作之源、窥驾驶之秘钥，进一步深化西学内容"。通过直接到西方去学习造船的原理、驾船的奥妙，以期"师夷长技以制夷"。

轮船业在民间

民间轮船业的发展在清末并不顺利。主要的障碍不是来自洋人的排挤，而是清政府的禁令和束缚。华商购置轮船、兴办轮船公司都困难重重。洋务派官僚希望通过限制华商的发展，保证自己的利益，建议总理衙门控制华商购买轮船。而一些保守的官僚则屡屡力图禁止小轮船行驶于内河。1884年，总理衙门明令禁止小轮船在内河行驶。《马关条约》之后，外国轮船进入中国内港。在这个情势之下，华商创办小轮公司的诉求越来越强烈，清政府最后也做出了让步。华商的小轮公司逐渐在各地开办起来。浙江宁波、江西南昌、湖南湖北及上海、苏杭一带内港，出现了早期的小轮公司。1895年之后，华商也开始创办海轮公司，如宁波的外海商轮局、台州的永宁商轮局。

在小轮公司纷纷建立的基础上，晚清的民营航业企图向大中型发展。但是在发展的过程中同时受到了来自外商航运公司和招商局的排挤。当时最大的三家航运公司，太古、怡和与招商局，以同时跌价的方式来驱逐与它们竞争的轮船公司。清政府也防范和打压民间航运资本的发展。20世纪以后，清政府的态度才出现松动，民营的航业终于有机会成长起来，出现了一批大中型的轮船公司。上海的宁绍商轮公司是其中一家。1906年外商航运公司，太古和法商东方轮船公司，与招商局联合将上海到宁波航线的票价，由0.5元涨至1.5元。此举引发了上海宁波等地商人们的不满，要求这三家轮船公司减价，但没有到达目的。这些商人们采取了一种抵制的行动。1908年7月，虞和德与数位商人联手自创宁绍商轮公司。公司资本100万元，是辛亥革命前上海港资本最大的一家华商轮船公司。公司成立后向福建马尾船厂购进大号轮船一艘（吨数1 318吨），定名为宁绍轮。

刚刚开办的宁绍公司便遭到三家公司联合降价的排挤。太古公司甚至将票价降为0.25元。这让宁绍公司几乎难以维系。在沪的宁波商人集资对其进行贴补，才保住了宁绍公司。

宁绍商轮公司五角船票

知识链接

徐润与轮船招商局

清末商人徐润（1838—1911），生于广东中山的一个买办世家。15岁作为宝顺洋行的学徒，进入买办业。因为徐润在航运、贸易中的积极表现，同治十二年（1873）李鸿章邀请他担任轮船招商局会办。徐润进入招商局伊始，便与唐廷枢一起成功地进行了商股募集，解决了资金困难的问题。徐润自己也先

徐润蜡像

后入了4 800股,合计48万两白银。徐润在任期购置了大量船只,从最初招商局"仅有伊敦、永清、福星、利运四艘,嗣后逐年添置,归并旗昌,至光绪十年,除失事各船不计外,共有江宽、江永、江浮、江表、江裕、江通、江天、江平,计江船八艘;保大、丰顺、海晏、海定、善济、永清、利运、日新、镇东、拱北、永宁、海琛、富顺、富有、美富、广利、致远、图南,计海船18艘。两共26艘。"

徐润与唐廷枢还设立了保险公司,保障航运事业的发展。光绪二年又创立仁和水险公司,是中国境内第一个华人自办自创的保险公司。之后济和水险公司成立。由此改变了外商独占保险业的局面。国内其他商人也效仿成立保险公司。

1883年,受到上海金融风潮的影响,徐润自己的房地产公司破产。第二年徐润又因私自挪用招商局钱款,被革除招商局职务。

旗昌轮船公司

最早在中国设立的外国轮船公司是旗昌轮船公司,由美国旗昌洋行开办,又称"上海轮船公司"。1818年美商沙墨尔·罗塞尔在广州创立"罗塞尔公司"。罗塞尔公司早期靠经营鸦片生意起家。1824年,"罗塞尔公司"改名为"旗昌洋行",从事进出口贸易。旗昌洋行还建立了航运公司,并开办机器缫丝和陪茶厂等。旗昌洋行开办的轮船公司主要资本来自中国的买办商人,1867—1872年垄断长江航运。英国的太古公司发展起来以后,旗昌轮船公司的垄断地位被动摇。李鸿章开办招商局以后,旗昌的航业进一步受到挑战。1877年旗昌洋行出现亏空,决定卖掉部分火轮产业。招商局以现银222万两收购旗昌轮船公司。这是清朝第一次收购大型外资企业,令举国上下颇感振奋。《申报》发表评论:"从此中国涉江浮海之火船,半皆招商局旗帜。"

旗昌轮船公司徽州轮

旗昌洋行